서해에서 길을 잃다

2017 **당진올해의문학인** 선정작품집

서해에서 길을 잃다

박종영 시집

도서출판 천우

시인의 말

나는 말 같지도 않은 글을 좋아한다. 4차원적인 글, 엉뚱한 글, 생뚱맞은 글에서 영감을 얻기도 한다. 그런 반면에 꽃을 좋아한다. 꽃에 관한 목소리를 듣고 꽃과 함께 잠을 자고 꽃을 태우다가 손가락을 데인 적도 있다.

내 글에 대한 믿음이 있기에 직선보다는 곡선을 좋아한다.

멀리 돌아서 목적지에 도달하는 은유를 많이 썼기 때문에 난해하게 읽혀질 수 있다.

쉽게 쓰지 않고 어렵게 멀리 돌아서온 글이기에 더 뿌듯함이 있다.

읽는 독자들에게 많은 상상력을 가동시켜 읽혀졌으면 좋겠다.

2017년 어느 겨울에

박종영

제1부

들꽃 당신

● 시인의 말

제2부

저녁에게 길을 묻다

제3부

소금쟁이 표정 다리기

제4부

홰를 치다

제1부

들꽃 당신

곱사등 춤

내가 한 말이 늦장을 부려 어둑어둑해지면
당신의 손가락 끝에 불을 켜세요
그리고 허공에 원을 그리며 불춤을 추세요
손가락 타는 연기가 꼬리를 물고
한(恨)을 노래할 거예요

꽉 닫혀 있던 마음의 문을 활짝 여세요
신선한 공기가 가슴을 탁 트이게 할 거예요
이젠 손가락을 구부려 더 오래 타지 않도록
담배꽁초처럼 벽면에 눌러 비벼 끄세요
부스러기가 바닥에 떨어지며 벽이 지저분해져요

손가락을 입에 물고 손가락을 식혀요
벌겋게 타다 남은 손가락 끝이 아려
짜릿한 통증이 온몸에 퍼져오겠죠
손가락을 데리고 병원에 가봐야 할 것 같아요
붕대를 칭칭 감고 목발로 절룩거리며
엇박자로 젓가락 춤을 추겠지요

살 껍질이 지글지글 타는 냄새가 진동을 하네요
오그라들며 삐딱하게 고개를 숙여
곱사등 춤을 추겠지요
당신이 손가락을 태워 춤을 추며 한(恨)을 달래주면
손가락도 당신을 위해 어깨춤을 출 거예요

꽃의 잉태

저 바깥이 그리워 입 벌린 꽃들
바람에게 꽃술 내주고
안과 밖에서 울리는 이념이 다른 말

알 수 없는 날개의 몸부림
꽃집을 들락거린 흔적

검정 치마에 갈래머리의 소녀
노란 화수분의 교태시간
동네잔치는 이어지고
벌들이 춤추며 날고 있다

라마즈 호흡법으로 잉태된 달
황혼이 비질을 하고
거품으로 갇힌 하늘이 구름세차를 하고 있다

꽃들의 방 안
음악처럼, 바람처럼 물소리는 녹아 흐르고
백발이 성성한 낡은 달덩이 아기
말라가는 꽃들의 입술을 솎아낸다

불순물의 변종들
지구는 거꾸로 자라고
불분명한 종과 속의 불규칙한 교배
수정된 배아는 씨방에서 무럭무럭 자라고
꽃자루의 풀린 매듭
흥건하게 젖은 물렁뼈를 타고
길 잃은 결정체 하나 찾고 있다

꽃 속에 갇히다

붉은 립스틱을 짙게 바른 꽃잎 하나
툭하고 광목이불 홑청 위에 떨어졌다
붉은 입술 하나 움켜쥐고
달아나기도 전에 꽃잎을 덮쳐버리는 또 다른 입술
뽀얀 살덩이에 눌려 뭉개져 부서지고
꽃물이 광목이불 홑청에 배어들고 있었다

그 위에서 살의 얇은 막이 터지도록
땀방울을 쏟아놓을수록 꺼져가는 의식
환하게 피어나는 붉은 꽃
순결의 옥토에 구덩이를 파고
사랑을 심을수록 잡풀만 무성하게 돋아나 자라고
뜯어낼수록 수북하게 자라나는 푸른 욕망
혀를 날름거리며
다리를 감고 꽃물 속에 빠져 있다

심하게 흔들릴수록 더욱더 진하게 물드는 꽃잎
꽃물이 골짜기를 타고 흘러내리면
발바닥에 화분을 묻힌 털 달린 짐승들이
꽃샘 속에 발을 담그고 재잘재잘
아마도 서로에게 길들여지고 있는 중
나도 당신의 꽃잎에 갇혀 환하게 피고 싶다

나무의 호흡

병목현상이 잦은 큰길 네거리
나무토막들이 빽빽하게 멈춰 섰다가 흘러간다
배기구를 요란하게 흔들며 담배를 피워대던 나무상자들
나무의 뱃속이 출렁거리며 물소리가 난다
지금 나무의 몸이 화사한 봄으로 꿈틀거린다

몸속에 촘촘히 박힌 병반을 떼어내는 기침소리
푸르게 걸쳐 있는 나뭇잎 사이로 햇살이 뿌려진다
가지를 흔들며 겹쳐졌다가 서서히 사라져가는 바람
내 뒤에 줄을 선 그늘이 차츰차츰 오그라들고
옷을 걸쳐놓은 가지가 조심스럽게 흔들리고 있다

바람이 거쳐 간 자리
나무의 코고는 소리가 아직도 귓가에 생생하다
발길질로 나무의 몸통을 걷어차는 취객
땅의 파편들이 튕겨 발목에 붙어 성가시다
속이 울렁거리고 뒤틀려 창자가 감겼다

나무의 뱃속은 리모델링 공사 중
바람의 속도에 반비례해 들려오는 새소리
새들이 꽃씨를 물어와 나뭇가지에 심고
바람을 데려와 나무의 살결을 문질러 꽃눈을 틔운다
가지마다 숨결이 환하게 피어난다

눈 덮인 풍경

사방이 흰 눈으로 덮여 깜깜한데
눈 덮인 개집에 사내가 코를 골며 잠들어 있다
눈을 깜빡여보지만 마찬가지다
강아지는 집밖에서 눈도장을 찍어대고
멀리 코딱지만 한 구멍가게에서
아이들이 손을 흔들고 있다

빙점의 귀퉁이
몰래 염화칼슘을 빨아대고 있을 눈발들
발아래서 녹아 질척대고 있다
부피가 무게로 전환되는 시점
흰 눈을 받아먹고 취한 차들이
길바닥에서 비틀거린다
아이들은 아직도 구멍가게에서 컵라면을 먹다 말고
길바닥에 넘어진 딸기코 아저씨를 손가락으로 가리켰다

근처 아파트 베란다에 척 걸친 사내의 몸
젖은 빨래처럼 빳빳하게 얼어 있다
창틈을 타고 바람이 비집고 들어오려고 발버둥치고
방문을 걸어 닫고 아랫목을 더듬었다
꽁꽁 언 사내가 방바닥에 구겨진 채 누웠고
방바닥이 흥건하게 젖었다

창밖은 온통 흰 눈이다
온 세상이 흰 털모자 하나씩을 머리에 쓰고 있다
제 몸을 녹여 암호를 풀어내던 아이
바지에 오줌을 지리고 엉엉 운다
바지를 벗어 너는 아이의 눈망울이
초롱초롱하게 해맑다

들국화

솔잎 향 그윽한 툇마루
머리로 꿀밤을 얻어먹고 자랐다
허리에서 든든하게 버텨준 책보와 도시락
밤새 내린 비로
개울물 불어 목까지 차면
텃밭은 제쳐두고 등굣길 걱정인 어머니

타는 마른 솔잎 향기
마음도 타고
불쏘시개도 타고
고구마도 타고
아궁이를 탈출해
어머니 이마를 태운
디귿자 기와집

방바닥 아랫목
엉덩이를 뜯어간 흔적
군데군데 찍혀 있다
검게 그을린 엉덩이를 들고
고추밭으로 나가신 어머니
하늘도 검게 그을리고
한줄기 소나기 엉덩이를 식혀준다

담벼락 위 노랗게 익은 살구나무
까치밥도 재잘대고
뉘엿뉘엿 해를 등에 지고
지게 한가득 삭정이
산자락을 타고 내려온다

발을 동동 구르며 오줌을 참던
뒷간 행랑채
아무도 모르게 댓돌을 뚫고
들국화 한 송이 피었다

슬픈 야생화

이상한 나라의 커튼 집
기다리는 내내 고요는 적막한 공간에서
한 획을 긋듯 어설프다
캄캄한 밤에 홀로 꽃이 핀다는 것은 참으로 슬픈 일
나는 이상한 나라에 오면
초록 뱀을 온 몸에 두르고 까만 밤에 푸르게 운다
아주 느리게 한 올, 한 올
밤이슬에 적셔가며 느린 필체로
네 몸 위에 꽃잎을 뿌리며 슬피 운다
나는 너의 얼굴을 눈 감고 자꾸만 베껴 쓴다
빈 여백이 다 닳아 없어질 때까지

캄캄한 입술을 더듬어
꺼끌꺼끌하게 마른 밥알을 목구멍으로 삼킨다
목젖의 떨림과 긁힘의 미약한 소리
너의 열린 몸속으로 내가 들어간다
꽃이 피듯이
꽃이 지듯이
겨드랑이 깊숙한 곳을 간질이며
소리 없이 조용히 움튼다
함몰되는 꽃의 눈동자 속에서 흘리는
소금물 뚝뚝 받아내며

풀어지듯이 깜빡깜빡 지워지고 있는 그녀
꽃 진 자리에서 질척이며 와글와글 울고 있다
당신이 까만 밤 속에서 하얗게 피어날 때까지

장마

쭈글쭈글 할망구 얼굴처럼
새카맣게 타들어간 고구마 밭, 고추밭
인정사정없다
공습경보다
며칠째 쏟아 퍼부으니 이젠 지긋지긋하다
기다릴 때는 언제고
참으로 너도 간사스럽다

비닐하우스 찢어놓고
파이프 엿가락처럼 휘어 난장판으로 해놓은 저놈들
어찌해야 할까 고민 중이다
철모르는 강아지처럼 이리저리 휘젓고 다닌 흔적
내 심정은 아랑곳하지 않고 마음의 상처만
남기고 달아났다

강아지라면 패주기라도 하련만 한숨만 나온다
개울물이 불어 다리난간에 찰랑거린다
광목 바지를 둘둘 말아 올린 눈망울
처량하게 물살에 실려 떠내려간다
올 추석은 윤달이 껴서 일찍 온다는데 걱정이다
한때는 수수깡 목처럼 휘어지도록 비를 맞고 싶었는데
그 심정을 저들은 모를 것이다

햇살에 그을려 야무지게 영글고 싶었다

낮결의 뒤통수가 가렵다
잠깐 볕이 드나 싶더니
후두두 빗방울이 또다시 몰려왔다
엉큼한 놈들이 어두컴컴하게 밀려온다
또다시 공습경보다
비설거지로 이리저리 마음이 급하다
철없는 앞마당 강아지는 내 심정도 모른 채
비를 흠뻑 맞고 이리저리 뛰어다닌다

흙의 계보

물방울이 벽면 안쪽에 잔뜩 매달린 비닐하우스
한증막 속에서 땀방울을 쏟아내며
세로로 삽날을 꽂고 땅의 온도를 재고 있다
잘 깨지는 고운 흙 속에 삽날을 밀어 넣으면
삽날을 덥석덥석 받아먹는 흙의 입
딱딱한 흙과 흙의 틈을 벌려 몸을 밀어 넣고
달라붙은 흙을 툭툭 터는 삽날의 요동
도톰하게 이랑을 만든 둔 턱에 씨앗을 심고
흙 속에서 푸른 꿈을 키워주는 참 대견스러운 곳
철재 뼈대 마디마디로 팽팽하게 살결이 조여지고
땀방울이 투명 몸속에 송골송골 맺혀 있다
거친 입이 침묵을 꽉 물고 살 속을 통과해
뿌리를 내리는 녹색지대
힘차게 살을 섞어가며 흙이 빚어낸 결과물이
푸른 낙원을 만들면
겸허한 자세로 제 몸의 자양분을 꺼내 다 밀어주고
한숨을 쉬는 흙
뿌연 입김이 식물의 생장점을 촉촉하게 적실 때
흙의 살 속을 헤치고 무럭무럭 자라나는 식물의 엽록소들
바람의 혀를 꺼내 식물의 몸을 구석구석 닦아주는
흙의 모성애가 애틋한 곳

지금도 동네 어귀에 가면 하얀 비닐하우스 속에서는
농부의 땀방울이 알알이 맺혀 탱글탱글 꿈이
가득 열리고 있다

들꽃 당신

비를 무척 좋아하던 당신
당신에게선
싱그러운 풀냄새가 납니다
당신은 나에게
머리에 들꽃을 꽂고
나풀나풀 날아왔습니다

바람은 풀잎 이슬처럼
상큼하게 불어오고
젖은 꽃잎은
풀빛 울음으로 아침을 엽니다
당신은 빗물처럼 내게 다가와 스며들고
비에 젖은 말로 속삭이며
젖은 입술로 내 가슴에 글을 씁니다

소낙비가 후두두 마른 가슴을 적시던 날
그 비를 다 맞고 젖은 몸으로
들국화 꽃 한 아름을 안고 찾아왔습니다
그리고는
내 가슴에 안기어 엉엉 울며
손끝으로 타오르는 마음속 전율을
한 올 한 올 죄다 풀어놓던 당신

숲이 내게 말을 합니다
소낙비에 젖어 내게 온 꽃잎은
가냘프고 어린 들꽃이라고
한 송이 꽃으로 태어나서
하나의 이름으로 꽃피워 올린 당신
이름 모를 들꽃으로
숲에서 살아온 당신이 애처롭습니다

오늘따라 이렇게
하염없이 비가 오는 날에는
들꽃으로 태어난 당신이
무척이나 보고 싶습니다

속성 재배

내가 지정해놓은 공간에서 천칭에 질량을 달지 않은 먼지 알갱이가 지금 날아다니고 있어. 정확한 투여에 의한 정통한 재배법이 낳은 신선한 식품을 만들기 위한 출구전략이야! 사물이 뚜렷하게 투시되는 비닐온실 속에 정공법에 의한 희생양으로 내가 갇혀버린 거야! 식물이 파릇파릇 소름 돋듯이 흙을 밀어내고 옆에서 고갤 내밀며 올라오는 녀석들이 있어. 일용할 양식을 얻기 위해 햇살의 투박한 손길이 여기에서는 절실하게 필요한 곳이야!

햇살을 하루 종일 받아 비닐피부가 탱탱하게 팽창되어 늘어나면 뼈마디를 타고 주렁주렁 매달리는 땀방울이 멋져 미치도록 흡입하고 싶어. 아마도 안달이 난 숭배자들이 있을 거야! 지금 이 순간에도 난 숨이 답답하게 막혀오고 있어. 내 몸속에서 탄소알갱이가 빠져나가고 있나 봐! 내 몸의 미세한 숨구멍이 젖은 땀으로 막히고 노릇한 태양이 현기증을 동반해 나를 가로막고 있어. 성경 한 권을 들고 내가 지금 교회 앞에 서 있어. 성도들이 나를 이단아로 치부해버린 지 아마도 오래 되었나 봐. 긴장이 되었나? 땀방울이 등짝을 타고 주르르 흘러내리고 있어.

헐거워진 나와 하느님과의 거리, 조금은 반감은 있지만 진심으로 하느님께 송구스럽고 미안해. 목이 잘린 증명사진을 지갑 속에 넣고 다니며 방정맞게 분수도 모른 채 정신 줄을 아무 데나 놓고 다니며 말썽만 부리던 철없던 지난 시절을 낭비한 게 안타깝고 무척이나 속상해. 삽자루에 달라붙은 손바닥들이 구슬땀을 흘리며 땅을 파고 있어. 저길 봐! 얇고 연약하게 솟아오르는 식물들이 생각을 갈아엎고 생명을 잉태시키며 즐거움을 노래하고 있어! 바람이 찢겨진 비닐하우스 살갗을 들썩거려 퉁소를 불고 있어. 질긴 악장 풀 뜯어먹는 소리일 거야.

연약한 잎사귀의 작은 떨림이 나약하게 흙 알갱이를 밀치고 살며시 올라오고 있어. 그냥 따가운 햇살로 너의 머리나 슬슬 빗겨주고 싶어. 가끔 한쪽 무릎에 너를 재워놓고 솔솔 부는 바람을 타고 사랑시집 한 권을 읽어 천상의 목소리로 사랑의 속삭임을 들려주고 싶어. 네가 그리워하는 맑은 목소리를 몇 알 귓속에 넣고 달그락달그락 흔들어 깨워주고 싶어. 너는 눈물을 질끈 동여매고 참아내겠지. 창문으로 뻗은 네 팔에 부목을 대주고 철사로 엮어 너를 안내해 주었지. 내 살갗엔 너희들에게 뿌려주던 생명수의 흔적들이 튀어 묻은 모래알 범벅이야. 언젠가 뿌옇게 검은 안개가 자욱한 날이면 분무로 인해 신축성 있게 농담 섞인 잡담을 촉촉하게 비닐 살갗을 적셔 줄 거야. 습관처럼 잘 자라주는 엽록소들이 탄소동화작용으로 무럭무럭 자라주니 참 고맙기도 하고 기특하기도 해! 올 한 해 농사도 풍년이겠지? 쉿! 조용히 해! 지금 나 속성 재배 중이거든?

제2부

저녁에게 길을 묻다

파충류 인간

그물망에 갇혀 꿈틀거리는 사람
거꾸로 매단 사람을 뱀들이 쳐다본다
뱀이 사람의 껍질을 벗기고 내장을 훑어낸다

살을 관통해 나무를 꿰어
모닥불에 올려 굽는 한 끼의 식사
침을 흘리며 눈으로 훑는 중이다
개구리를 순식간에 한입에 삼키는 우둔한 파충류

날카로운 이빨을 풀섶에 놓고 왔다
이빨이 제 기능을 하길 바라며
겁도 없이 겁을 내고 있다
물릴까 봐

사람들은 다리가 없다
몸을 비틀며 걷는다
파충류의 습성을 닮은 그는 생각을 비틀면
엉뚱한 일이 벌어지곤 한다

나뭇가지에 껍질을 벗고 용처럼 승천하는 놈
포유류 동물을 즐겨 먹는 그는
오늘도 몸을 비틀며 걷는 중이다

저녁에게 길을 묻다

저녁은 어둠을 타고 슬금슬금 기어 내려오고
강물 속에 손을 넣어 어둠을 만난다
손끝에 만져지는 미끄덩한 감촉
물이 손을 비껴갔다

하늘이 내려와 강물에 앉는다
짧은 소통
강물 속에서 하늘이 구름을 만나면
빈 강물 속에서 아름다운 물꽃이 핀다
맑게 튀어 오르는 물의 웃음
강물이 길을 묻는다
저녁은 언제 오냐고

소를 몰고 강둑을 걷는 노인
등 뒤로 저녁이 몰려온다
기온이 차갑게 떨어지고
기침소리와 함께 어둠을 읽을 수 없어
심한 결핍을 앓아야만 했던 시절
자꾸만 어둠은 깊어 가는데
길 위에서 길을 잃어 어디로 가야 할지 막막하다

손바닥으로 푸석푸석한 뒷모습을

서투르게 매만지는 사람
물살의 힘에 떠밀려 집으로 향하는
저녁의 분주한 발걸음
그 속에서 옴짝달싹하지 않는
조심스런 내밀한 떨림
화가 머리끝까지 치밀어 오르면
분풀이로 강둑을 걷어찬다

누수(漏水)가 되지 않게 쳐 발라놓은
강둑의 보수공사
비가 많이 쏟아지는 우기(雨期)에는
강물이 올라탄다
흰 종이에 오징어를 그려놓고 잡아당기면
찌이익 찢어질 것이다
쫄깃쫄깃 오래도록 씹어 먹어도
좋을 저녁이 맛있겠다

눈꽃 노을

눈밭 위에 누워 흰 눈동자를 굴리는 외눈박이 새들

앙상한 가지 위에 앉아 하늘이 내려준
햇살을 받으며 졸고 있다
실눈을 뜨고 하얀 화폭에 폭설을 그리는 날이면
바람은 눈감지 않은 이들만
주섬주섬 챙겨 길을 떠난다

배꼽은 흰 눈발을 뒤집어쓴 등선처럼
자꾸만 부풀어 오르고
부리로 못질도 하지 않은 나무에
꽃이 피네 꽃이 피네

깊은 산속
오도 가도 못하고 설경 속에 갇혔다
노루는 올무에 걸려 발버둥을 치다 지쳐 잠이 들고
늑대의 울음소리가 목관악기처럼 슬프다

눈발을 켜켜이 쌓아올린 밤
주술을 읊다 지친 악사들은 길을 잃고
한 천년된 당신의 목덜미를 누군가 만지고 있다

산속은 능선과 능선에 현을 걸어놓고
연주하기 좋은 울림통
눈발에 어깨를 빌려준 소나무
바람은 차갑게 울고
구겨진 하얀 꽃잠이 쏟아져 내린다

선홍빛 흔적을 눈밭 위에 한 짝 가지런히 놓고 떠난
고라니의 슬픈 눈동자
바람이 찾아와 문짝을 두드리는 소리에 쪽잠에서 깬 밤
알약을 삼키지 않고는 도저히 잠들 수 없었다

유물론자들은 서녘으로 기우는 달을 보고
눈꽃 노을이라 불렀다

독설(毒舌)

해 질 녘 노을은 면발처럼 비파를 뜯고
된장국 냄새를 풍기는 사투리가 가득한 마을
동방의 바람을 안고 온 손님의 시중에 바쁜 객주
장롱 속에 숨겨뒀던 목울대를 꺼내
힘차게 울어대는 삽살개
홍등은 대문에 걸려 취기에
넘어지지 않을 만큼 출렁대고
비워지는 술병만큼 달은 서쪽하늘로 기운다

장독대에 쟁여지는 쓴소리
뱉어버려야 속이 시원할 적폐들
한 움큼 소금이 뿌려지고
부글부글 끓어오르는 진흙탕 싸움이 전개되고
담 너머로 넘어온 글 읽는 냄새 진동하면
처마 밑에 쭈그려 앉아 고드름을 깨무는 착한 웃음들

타액처럼 흘러나오는 웃음소리에 호롱불은 쓰러지고
밤새 가야금을 뜯던 손가락도 물집이 생기고
은비녀의 옷고름이 달빛에 풀려버리고
꽃잠은 턱밑으로 쏟아지고

햇살을 고르고 있는 바람
하루는 흐트러진 물결무늬로 잠이 들고
허기에 굶주린 배를 움켜쥐고 강을 건너는 노인들
모시적삼 등짝에 휘갈긴 먹물 빠진 그림자 깊다
모자란 헝겊 조각에 남은 흔적
듣고 싶지 않아도 들려오는 호통에 펄럭이는
붉은 깃발
아 꿈에서 깨어나고 싶다

바퀴벌레

바람에 등을 빌려주고 끈끈이로 때를 민다
습한 곳에 즐겨찾기 설정을 하고
커서를 옮겨 바탕화면에 댓글로
축축하고 느끼한 말을 뱉던 칙칙한 놈들
납작 엎드려 다니는 버릇이 있고
등을 밀어 올려 꼽추 춤을 덩실덩실 추기도 한다
곳곳에 놓인 좀약을 피해
장롱이나 소파 밑을 제집 드나들 듯 하는 영특한 놈
그에겐 익숙한 환경이 온통 지뢰밭이다
민첩한 몸에 업그레이드 된 최신형 엔진을 장착하고
쏜살같이 달리는 육상선수다
3인칭으로 불러주면 2인칭으로 답하고
밥숟가락을 두드리면 잽싸게 모습을 감춰
제 몸을 웅크리며 보호본능 모드로 진입한다
습하고 눅눅한 골목을 돌아다녀 보면
그들을 찾기란 그리 어렵지 않다
온갖 지저분한 쓰레기들
몸통을 타고 올라 넘나드는 행동을 보면
그는 분명 사시임에도 불구하고
사물을 보는 직관력이 뛰어나다는 것
유심히 관찰하곤 했던
다리 짧은 궤적의 동선을 가지고 노는 명확한 놈

뒤통수에 눈이 박혔는지 감각의 레이더는
눈치가 백단이다
휘파람을 불면 동풍이 부는 것까지
감각의 레이더를 돌려
움직이는 발길까지 조심성 있게 경계를 늦추지 않는다
사람의 눈에 띄지 않게 구석진 곳으로만 다니는
버르장머리 없는 놈
땅의 울림으로 현란한 감각을 지닌 그의 손놀림
더듬이로 촉각을 곤두세워 주위를 살필 때면
긴장감이 최고에 달한다
오늘도 후미진 곳에서 우리를
물끄러미 쳐다보는 놈
그만의 살아나가는 생존법이리라

병폐(病廢)

행려병자들이 과자부스러기 같은 버짐을 긁어댄다
썩어가는 환부에서 진물이 터져 흐르고
내통한 파리들이 출입증을 목에 걸고
고름을 빨아 먹고 있다
주위 움직임에 놀라 돌아보는
파리의 피고름범벅 주둥이
자루에 든 삶은 보리를 한 움큼 훔쳐 먹다 들킨
아이들 눈망울
어느새 백발이 된 아이가 수두를 앓는 아이를 낳고
군불을 지피던 행려병자
부지깽이로 아궁이를 쑤셔대며
부엌 밖으로 욕지걸이를 해 댄다

광견병에 걸린 아이들이 똥파리를 쫓아내며
쓰레기더미를 파헤치는 개의 목덜미를
서슴없이 쓰다듬고 있다
아궁이에서 나오는 뜨거운 열기에
앞머리가 타는 줄도 모르고
수족구병에 걸린 발바닥만 긁어대고
사타구니는 손톱의 무차별 공격에 속수무책
고쟁이 사이로 여린 진물이 사정없이 흘러내린다
거적에 둘둘 말려져 떠나는 이름 모를 삶
오래전 뱉어놓은 수면이 구겨져 있다

고양이는 양철지붕 위에서 짝짓기를 하다 들켜 쫓겨나고
은박지로 싸놓은 저녁이 노을에 익어 황금색으로 변해간다

결국 저녁의 그늘에 맺힌 허공이 벽면에 꽂혀
후두두 눈물을 쏟고
산자락을 끌고 가는 구름
이리저리 빗방울을 몰고 다닌다
생각보다 물의 주름은 단단했다
기상청 예보관의 쓴소리
오래도록 버텨온 물의 꼬리를 놓쳐 기압골의 영향을
받아 터져버렸다는 것
타악기로 세차게 두드리는 불규칙한 화음
꽤 성가시게 요란하다
저 멀리 안개 속에서 물 위를 걸어오는
흰 소복의 여인
천둥이 치고 벼락을 꺾어 들고
물 위에서 사투를 벌이며 불춤을 춘다
환생한 동물들을 모아 악귀 쫓는
젖은 느티나무의 주문
꽹과리 소리
징 소리
타다닥 살 타는 냄새

지구 잠복기

사람들은 구겨진 잠 속으로 들어가요
셀 수 없는 글자들을 껴안고
캄캄한 뱃속에서 수학공식을 풀고요
부드러운 솔질 끝에 빗살무늬 오답과
원숭이 손바닥 지문 몇 개를 건져 올렸어요

비좁은 손바닥 안
바퀴벌레 똥을 치우느라 손가락 지문이 다 지워졌어요
슬픔이 헐레벌떡 뛰어왔어요
잠의 안과 밖이 헐거워 박쥐들이 동굴을 빠져나갔어요

참 웃기죠
세상이 다 내 손바닥 안인데
나를 보는 거울이 웃음을 잃어 버렸어요
사람들은 빈방을 오래 들여다보지 않아요
고개를 까딱거리며 졸음을 가르치는 외과 의사
목에서 딱딱 소리가 나요

창밖
버려진 우산들이 주인을 버리고 여기저기 흩어져 있어요
들여다보지 않은 빈 페이지가 썰렁해져요
부러진 빗줄기는 운동장에 고드름처럼 꽂혀 있어요

사소한 말다툼 끝에
언제나 구름을 들고 달려오는 과자
터진 방광의 반란
오줌줄기가 급하게 뻗어 나가요
시험지를 싣고 가는 무궁화 열차
텅 빈 교실에 뿌려지는 호외(號外)
회초리 든 호랑이 사육사가 교실을 어슬렁어슬렁거려요

굳게 닫힌 철창살 위로 떨어지는 붉은 꽃 한 송이
창문 틈으로 들어오는 구겨진 햇살
단단하고 견고한 잠을 깨우기란 쉽지 않네요

개미들의 반란
끊임없이 이어지고
부러진 재봉틀을 고치고 있는 아기
박음질이 풀려 눈꺼풀을 덮어버렸네요

지하철 대통령

꿀꿀이죽을 먹던 아이가 칭얼댄다
기역자로 꺾인 갈비 벽 귀퉁이에 붙어 있는 젖꼭지
저수지가 말라 바닥을 드러냈다
햇살은 저리도 강한데 가난이 비참함을 끌고 왔다
바람은 덩달아 세상 물정 모르고 찢겨진 비닐을 펄럭인다
무채 썰 듯 손목을 긋던 날
어리석은 생각과 침몰하는 몸뚱어리의 교차점에서
한참을 헤매다 눈뜬 곳엔
환한 보름달이 병실 창문 틈에 걸려 있었다
왈칵 쏟아지는 자존감
리어카를 한 대 샀다
우주여행을 하기 위한 골목골목 예행연습
고무 바에 묶인 철 지난 폐지들
눅눅한 시각들이 훑고 지나갔다

빈 젖꼭지를 빨던 아이가 칭얼댔다
울음을 멈추고 후박나무가 되었다
손을 내밀자 안쪽 깊숙한 숲속으로 들어갔다
연미복을 입은 다람쥐가 비바람을 피해
후박나무 이파리 아래서 연주를 했다
도토리를 즐겨 먹던 입술이 새파란 아이
땀방울을 흘리며 파지를 주웠다

얼굴을 비추면 툭 튀어나온 광대뼈
주름을 가진 오래된 얼굴에도 표정이 있다
두툼한 골진 자리엔 인생이 있고
까무잡잡한 모습엔 연륜이 묻어 있다
제각각의 삶
폐지는 어린아이가 되어가고 있다
인생의 끝자락 막다른 골목
이젠 더 이상 갈 곳이 없다
엄지손가락을 빨고 있는 어른이
리어카 난간 끄트머리에서 졸음을 베고 있다

어린아이가 넥타이를 매고 출근하는 지하철

개기월식

허공에 떠다니는 내 뼈 한 조각
오래 만나지 못해 애타는 마음
만삭이 된 어미는 강물에 눕고
99년 만에 나를 찾아왔다

골방에 웅크린 어둠
알을 품은 닭처럼 시간은 지워졌고
몸을 만 웅크림
하늘과 땅 사이가 비좁아
손을 집어넣기가 버겁다는 것
틈이 벌어지기 시작한 건 자정 무렵

개기월식

뜬눈으로 지새운 긴 밤
하얀 가운을 입고
망원경을 옆에 차고
입에 마른 벌레 몇 마리 집어 삼키며 버텼다
별것도 아닌 것이 별것이게 하기 위해서

달빛 비치는 옥탑방
달을 입 속에 넣고

떨어진 별 톨을 허공에 걸었다
반짝이는 아름다움이 꽃으로 피고
실바람이 엉덩이에 꽃을 매달고
어둠이 어둠을 털어버리기 전
강을 건너왔다

까마귀들 밤하늘을 날고
양은냄비 속에는 갇힌 고요와 침묵
물을 퍼 담는 바가지 소리
달의 입 속을 살피느라 줄을 서지 못한 낭패감
잃어버린 우주복 입고 행성으로 가는 아이들
가방엔 한가득 주운 유성
불어오는 바람을 달빛에 헹구어 놓은 아침
지구는 벌써부터 헛바늘이 돋는 중

색성향미촉법

검은 구름이 몰려와 빈 하늘에 천막을 쳤다
순식간에 세상은 온통 어둠으로 뒤덮였고
새들과 동물들이 은신처로 스며들었다
천막에 구멍을 뚫고 바람이 비를 데려와 퍼붓는다

하늘이 내려와 머무는 곳
각진 모서리에 쪼그려 앉은 골목이 젖고
공전주기 속으로 태풍과 비바람이 빨려 들어갔고
지구는 심하게 흔들렸으며 바다는 육지로 넘어와
해수를 토해냈다

태양과 달과 바다를 향하던 범선
육지로 올라와 수련 꽃 한 송이 피워 올렸다
금이 가도록 물 위에 목줄을 튕기는 물푸레나무의 몸짓
닫아놓았던 땅의 수문이 열리고
웅크린 숲들이 황토색으로 옷을 갈아입고
타클라마칸에 눕는다

또다시 빗방울이 물 위에 바느질을 해대고
물갈퀴로 누빈 옷감들이
여러 문양의 색깔로 변해갔다
수련 꽃잎이 떨어져 물 위를 저벅저벅 다녀간 만큼
기울기는 수평을 잃었고

기우뚱 기울어진 사람들이 저녁 시장을
화려하게 수놓았다
밤도둑들은 검은 구름과 수런수런 밀담을 나누고
왼쪽 손에 젖은 신발 한 짝을 들고 서 있는
수련 꽃이 처량했다

물 위에 무수히 찍어대는 소수점
발바닥에 양귀비꽃이 피어 있고 소금쟁이는
수소문 끝에 야비한 장사치의 이야기를 듣고는
밤도둑이 지켜보는 가운데 색성향미촉법 경전을 얻었다
예리한 감촉을 습득한 행렬
물의 무늬를 다듬고 물의 몸뚱어리를 형상화하여
세련된 민소매 옷을 입고 아름다워지고 있다

눈썹을 다듬다 만 치자나무 손끝
동쪽으로 깊어지는 우물이 들려 있었고
모세혈관들이 일제히 터져 붉은 비녀를 꼽는 하늘의 등짝
검은 구름은 모자를 벗어던지고 혈서를 쓰고 있다
모세혈관들의 반란
경전을 읽은 새들이 무지개를 타고 달려와
승천하는 용의 눈물샘을 터트려 온 천지에
색이 스며들고 있다

서해에서 길을 잃다

바다의 어깨가 좁다
검은 양복의 재봉 선을 따라 내려가다 만난 길
유난히 손금처럼 가늘고 긴 길에서 서해바다를 만났다
넘치는 방파제의 턱 선에서 거품처럼 게들을 게워낸다
살을 섞다 만 게들이 옆걸음질 치고
산산이 부서지는 뼈의 마디 낡은 음들
심장 깊숙한 복도 끝에 박혔다
누군가 따끈따끈한 심장을 썰고 있나 보다
중심이 텅 비어서 아무것도 보이지 않는 서해바다
한 송이 꽃이 꿈을 키우며 아름답게 살아가야 할 그곳
귀퉁이를 잘라 그 안에 방을 만들어
진하게 마음을 나눠 사랑을 하고,
아이를 낳고,
끈끈한 정으로 손을 잡고 살아가야 할 땅
맨발로 하얀 눈 위를 걸으며
무겁게 가라앉은 마음을 달래주고
젖은 손으로 땅을 어루만져주고 싶다
심장은 서산마루를 넘어가고
새들이 길을 잃은 캄캄한 밤
들풀보다 가벼운 어둠의 이불을 덮고
사정없이 퍼붓는 비를 맞으며
옷도 걸치지 않고 무작정 달렸다

바다의 심장이 퍼덕이는 그곳을 향하여
붓을 들고 꽃을 그리다가 그곳에서 길을 잃었다
이제는 내 몸도 줄기까지 빼빼 말라
바삭바삭 소리가 난다
어둠 속에서 몰래 숨어들던 꽃향기
난청이 된 귓속에 파도소리가 은은하게 들려올 때면
두 눈이 짓무르도록 서해에서 길을 잃고 싶다

우주 깔끄막

푸른 나라
딱따구리가 나무를 파다 말고 한 입 가지고 두말을 했다
한 묶음의 삭정이를 지게에 지고 산기슭을
내려오는 노인
밭고랑처럼 깊게 파인 주름 사이로 흐르는
땀방울을 닦아내며
침을 발라 담배 한 대를 말아 핀다

구성지게 휘파람을 부는 할미새
길옆 숲속에 다리를 벌리고 웅크린 채
환약 같은 검은 똥을 생산해내는
유순한 고라니의 눈망울
그 속에 길을 내고
쥐라기 시대 공룡비늘을 타고 지구 반대편 끝까지
징검다리처럼 늘어선 행성을 까치발로 디디며 건넜으리라
우거진 숲속 한가운데 떨어진 알밤을 까먹으며
두리번거리는 다람쥐를 오라 손짓을 한다

표정이 압권인 나비의 엉성한 팔 동작
너무 느슨해진 걸 보니 볼트를 단단히 조여 줘야겠다
느림의 미학에 엎질러져 살기보다는
꽉 짜진 계획에 맞추려는 나비의 슬픈 표정

좁은 오솔길을 걸어간 동물들과 사람들의 발자국이
얼마나 많은지 몰랐다
나무의 줄기 사이로 뚫고 쏟아져 들어오는 햇살
광속이 얼마나 되는지 아무도 모른다
몽마르트 언덕에서 빛의 속도를 측정했던
아르망피조*를 만나러 간다

피톤치드 향기를 맡으며 찾아들어온
숲길에서 길을 잃었다
지나가는 다람쥐를 붙들고 길을 물어 본다
텅 빈 하늘을 열고 천도복숭아 몇 개 꺼내 흐르는
계곡물에 닦아 움직이는 동물들에게 나눠 먹인다
목마르고 지친 영혼들에게 과즙을 선물해주고
공중에 나풀나풀 비천무의 춤사위를 걸어두고
흔들리는 나뭇가지에 무채색의 흰 웃음을
뿌려주는 푸른 나무들
처서(處暑)가 지나면 등산객들도 울긋불긋 물들겠지?

* 아르망피조 : 빛의 속도를 최초로 측정한 프랑스 물리학자.

우주 비행

달콤한 잠을 훔쳐 먹고 껄떡거리는 압력솥
얼마를 끓여야 할까?
온도를 재고
습도를 맞추고
저울로 달아 통째로 삶아 엔진을 달군다
오래도록 달릴 수 있도록
기차 화통은 연거푸 김빠지는 소리만 내뱉고
제자리를 빙빙 돌며 허공을 배회하는 버릇도
습관화가 되었다
그릇에 담긴 그들에게 어지럼증으로
미안해하는 것이 더 미안했다
그냥 마음으로 기도하고 잘 날 수 있는 것이
덜 미안한 것
미끄덩한 허공의 물살이 소용돌이치며 졸아들어
걸쭉해진다

시간이 습한 안개로 내려앉았다
안개도 습해지면 시간 안에서 내려앉는 법
어떻게든 습해지지 않으려고
누구나 옆구리에 건조기 하나씩을 차고 다닌다
어디로 튈지 모를 허공을 위하여
튀김의 생김새를 그리고

만지면 단단해지는 심장 속에서 24시간 이상을 달인다
진작부터 죽음을 유추하기란 곤란하므로
양팔을 들어 길을 막는다
양념장이 없어도 비벼지는 안개꽃 세상
버무려지기 싫어도 버무려지는 이송된 재료들

버스가 멈춰 있는데 창밖으로 가로수가 달려간다
버스가 코너에서 몸을 비스듬히 기울자
승객들이 쏟아진다
승객들이 한곳에 뒤엉켜 버무려지고
아스팔트에 넘어진 신발을 물어뜯는 고양이
길바닥이 신발을 베고 누워 밤하늘을 눈으로 딴다
이제 다 익어 푸석푸석하다
우주나라는 가스 불에 안전한가요?
압력계는 둥근달을 파먹으며 귀뚤귀뚤 해찰을 떤다

어둠의 살점을 물어뜯는 별빛들
성긴 이빨 틈새로 기어들어 오는 희미한 불빛으로
바느질을 한다
긴 동굴을 걸어온 낯선 곳
졸린 눈꺼풀을 들고 바느질을 하다 말고
지구 밖으로 나간다

퉁김을 당한 동그란 동공
어디로 튀어야 할지 고민 중이다
발정 난 개의 발등에는 밤이슬이 붙어 있다
떼어지지 않는

제3부

소금쟁이 표정 다리기

옻 순

붉은 이야기꽃이 말갛게 피어올랐다
태몽처럼 진 붉은 춤사위
붉은 사생아가 선혈과 함께 터져 나온 저녁
맑은 공주 밤 막걸리 몇 순배 돌아가고
세상은 뫼비우스 띠
맛있는 나물 한 접시
꿈이었으면 했다

세상은 비틀거리고 있었다
아침이 밝아 찾아온 손톱의 성질머리
내 살갗이 아니다
난장판이다
미치도록 저주하고 싶던 사타구니
붉은 춤사위의 악몽에 달포를 보낸 붉은 기억
붉게 오른 순 말갛게 피어나고
어제 기억을 거슬러 올라간 곳은
맛있게 춤을 추던 혀끝의 진한 감촉뿐
달콤한 꿈이었으면 얼마나 좋을까?

간월도

물살이 돌아 나가다가 걸려 넘어지는 작은 섬 하나
한번 들어가면 오고 가지도 못하는 절간엔
머리 깎은 꽃들이 한 움큼 산다
수덕사를 오가며 씨앗 한 알을 얻어 분양된 꽃밭엔
노란 유채꽃이 지천이다
어떤 이는 문어들이 뭍으로 기어올라 절밥을 얻어먹다가
썰물 때를 놓쳐 눌러앉았다는 등 소문이 자자한 곳

성질머리 괴팍한 파도는 게거품을 물고
간월암자를 무섭게 달려 부딪쳐 보지만 매번 실패
그럴 때마다 목탁소리는 요란히 거세지고
산산이 부서져 포말이 되어버리는 파도
긴 수평선에 묶여버린 바위섬 위 암자 하나
열린 바닷길로 통하는 발자국들이 들락날락하는 곳
한번 들어갔다가 나오지 못하고
발만 동동 구르는 이곳

몸빼 바지 입고 퍼질러 앉아 갯냄새를 파는 아낙
어리굴젓을 덤으로 퍼주는 손길은
예나 지금이나 다를 바 없다
보름달에 얼비친 밤바다엔 큰고래가 암자를 떠받치고
집어등처럼 생긴 불두화가 달빛에 처량하다

회 몇 접시에 쓰러지는 술병들
가자미를 닮아가는 박하 게의 곁눈질
밤새 고래고래 떠들던 억센 손길들
초점이 한쪽으로 쏠려 기운
가자미 눈길의 초점이 흐릿하다
바위에 가래침을 뱉어 끈적끈적하게
고정시킨 폐선 한 척
선주는 밤낮 술타령이다

옷깃 속을 파고드는 날카로운 갯바람
발동기는 검은 연기를 뿜어대며 출항을 기다리고
석유냄새 진하게 밴 어선들의 고뇌를
간월암자는 알고 있다
비릿한 아침이 배어 있는 까무잡잡한 사내들의 옷깃
밤새 마신 술 냄새를 갯바람에 헹구고
억센 손길은 통발을 싣느라 분주하다
수평선 붉은 태양이 솟아오르고
출항을 하는 뱃고동 소리가 힘차게 항구에 울려 퍼진다

길의 지느러미

길을 걷다가 각진 모서리와 만났다
거꾸로 쏟아지는 계단 난간에 걸터앉아
골똘해지기를 여러 번
주방에서 국밥이 말아져 나왔다
숟가락들의 소란스런 소리
식탁은 신발도 신지 않은 채
배를 두드리며 집을 나섰다
발바닥을 반겨주던 우측 통행로
햇살을 등에 지고 땀을 뻘뻘 흘리며
녹고 있는 아스팔트 위로
길과 동행하던 바람 빠진 타이어
시간은 통통 튕겨 올라 한 주먹 구름을 잡는다
홍수처럼 불어난 차량들이 떼거지로 달려간다
길 위에서 길을 만나는 사람들
나무의 지느러미는 물결무늬로 선명해졌다
딱따구리 이빨이 꽂혀 있던 옹이
나팔꽃이 나팔을 불고
입 안에 구름이 가득 들어 있었다
뒷다리 힘줄도 팽팽하게 긴장되고
휘파람을 불며 호수의 물빛을 꺾는 물총새
치자꽃 냄새가 진동하는 숲은 항상 외로웠다
자주달개비 꽃도 비스듬히 누워 피었다

항상 이모의 방은 아로마 향기가 가득 꽂혀 있다
솜사탕의 밑부분을 허용한 손가락
녹아 끈적거리는 입을 끌고 다니던 푸른 형틀
질량으로 읽혀지는 세포의 껍데기
새벽안개 속에서 저울질 당한 여자는
제 몸을 저울에 달고 있다
달팽이관 속으로 흘러들어간 허기진 배는
언제나 오려나?
소리를 파내고 싶은 욕망
딱딱한 잠은 아직도 아무에게나 치대는 습성이 있다
순식간에
말랑말랑한 꽃들이 환하게 피었다 진다

대리운전

밤이면 어둠을 켜고 달린다
반딧불을 한 손에 들고
숙성된 술잔을 나르는 도시의 사냥꾼
가로등 밑에 쭈그려 앉아 핸드폰에 덫을 놓고
골뱅이를 기다리는 사람들
헝클어진 머릿결을 쓸어 넘기고 항상 긴장 속에 살고 있다

전깃줄을 움켜쥐듯 핸들을 움켜쥔 손에 힘이 들어간다
온몸에 술독이 퍼져가는 시체를 뒷좌석에 누이고
잔소리를 훔쳐간 지친 새를 용서하는 밤
주인이 오기까지 날개를 닦고 있다
범죄를 피해 대신 안전하게 가족에게 인도해주는 동조자들
어둑한 거리 곳곳에서 어슬렁거리는 표범들의 날카로운 눈빛
어두운 그림자를 뜯어먹으려고 바퀴를 돌리고 있다

당신은 어떤 상황에서도 묵비권을 행사할 수 있고
변호사를 선임할 권리가 있다는 착각
세상은 그렇게 호락호락하지 않고 능동적이다
고래고래 푸념 아닌 푸념을 들어주며 검사는 심문을 하고
증거도 없는 억지를 써대며 변론자료를 풀어놓는 까마귀
원고는 일에 몰두한 채 창밖 풍경만 바라보며 묵묵부답이다
밤바람이 창문을 물어뜯고 있다

관계는 지속되어야 한다
두 살배기 아이를 들쳐 업고 전단지를 돌리는 까마귀
억울해서 부른 배를 문지르고 있는 오른손이 안타깝다
어둠을 뚝뚝 부러트리고 양손으로 운전대를 잡았다
이번에는 도망가지 못하도록 공소시효로
묶어버렸으면 하는 바램
지속되어야만 살아남는 끈 모퉁이로
계란 한 알을 깨고 남녀가 나왔다

물 위에 떠다니는 까마귀의 자맥질
물갈퀴로 얻어맞은 뺨은 아직도 얼얼하다
흙들은 어둠 속에서 그렇게 뻔뻔하지 못했다
경광등과 비상등이 줄을 서고
차를 세우고 슈퍼마켓에 들러 물을 벌컥벌컥
마셔대는 까마귀
당신의 눈빛을 훔쳐 간 나는 입술에 빨대를 물고
배 속에서 자라는 거품을 빼고 비눗방울을 만들고 있다
날이 훤하게 밝아오는 새벽녘,
집으로 향하는 발걸음이 무겁다

두 시 탈출

언제 내려앉을지 모를 불안감 속에서 탑처럼
쌓아올린 높은 집에서
기둥 하나씩 빼다 제재소에 내다 파는 재미가 쏠쏠했다
삼 층과 사 층 사이 계단을 지탱하던 통나무가 뽑혀나가고
난간을 붙잡고 버티는 나무에게 간절히 기도했다
발 딛는 곳마다 허공에서 계단들이 출렁거렸다
어디에다 발을 옮겨야 할지
어떻게 걸음걸이 폭을 맞춰야 할지
발은 절벽에 간신히 남아 낭떠러지를 바라본다
끄나풀을 타고 기둥과 기둥 사이를 오가는 방관자들
기둥뿌리에 흘러내리는 햇볕을 핥아대고 있는
하품을 좋아라 한다
녹슨 방문은 삐거덕거리고
울퉁불퉁 방바닥이 일어선다

꼿꼿하게 서서 버티는 법을 익히 습득한 터라
껍질을 벗기고도
알맹이만으로 달랑달랑 딸랑이를 흔들며 돌아다니는
인사성 없는 무식쟁이였다
몇 군데 빌려준 돈으로 구석구석 해진 곳을
땜질하고 개량하고 싶었는데
나무는 푸른 몸매를 핑계로 오리발을 내며
이상한 소리만 움켜쥐고

풀 뜯는 소리만 한다
밥을 안 먹어도 고봉밥에 흰 꽃이 피는 줄만 알았다
손톱이 까지고 부러져도 되는 줄만 알았다
나뭇가지가 팔이 꺾여도 아프지 않은 줄만 알았고
생각 두 스푼을 팔팔 끓여 같이 떠먹으면
허기가 가실 줄 알았다
슬픈 나라의 기억 속에서 나무 기둥이 빠져
달아나고 있었다
이유 같지 않은 이유를 대고 고독해지고 있었다
밀린 월세를 두 시까지 안 내면 짐을 싸란다

창문을 비집고 라디오 소리가 흘러나오는 두 시
담장 밑 나팔꽃 귀를 활짝 열어두고
문틈으로 들어오는 햇살을 잘근잘근 씹고 있는 오후
건물 난간에 빗소리를 걸어두고
물비린내를 혀끝으로 읽을 때면 눈대중으로 간을 맞췄다
난청으로 무뎌진 귀밑머리에 매달린 꽃잎
허공을 훨훨 날다 지친 나비 한 쌍을 배웅하는 두 시
손가락질을 받던 두 시가 숙맥으로 자라고
중이염을 앓던 두 귀가 말라 딱지가 앉도록
고름자국은 살갗에 달라붙어 귓불을 간질이고 있었다
붕대를 풀고 있을 즈음
카카오톡 문자는 계속 소쩍새처럼 울어대고
이젠 진짜로 짐을 싸란다

따꺼

탈탈 털린 지식 몇 조각
북적대던 거리가 식었다
세상을 반짝반짝 닦는 손놀림
붕대를 칭칭 동여맨 감각으로 체온을 느낀다
지하도를 거쳐 계단을 올라오는 낯익은 소리
울림으로 긴 포물선을 그리며 달팽이관을 적신다
질긴 하루가 서산 너머로 무겁게 넘어가면
절룩거리며 트위스트 춤을 추는 독일병정
헬멧을 쓰고 부릉부릉 시동을 건다
반짝반짝 빛나는 콧등
그늘은 비켜서 지나가고
모세혈관을 팽팽하게 만드는 바람의 기술
당도 높은 수박으로 사각사각 잘 먹고 살았으면 했다
세상은 야속하게 수없는 아픔을 던져줬다
단답형의 문장들
스며들 듯 적응되어 가는 중
현재진행형의 끝
귀를 쫑긋 세워 주파수를 맞춘다
전파는 두 평 남짓 전달되고
흙을 털고 붕대에 광약을 바른다
날을 세워 스케이트를 타는 손놀림
파란 불꽃에 살 타는 냄새

질긴 실 가닥을 뽑아내는 거미가 줄을 탄다
손에 쥐어져 있는 버린 카드 몇 장
숨통이 조여 온다
빌딩을 미끄러져 내려오는 땀방울들
흔들리는 몸부림에 생긴 잔재인 줄로만 알았다
발밑 용수철을 달고 다니는 사람
우산을 쓰고 벽면에 그림을 그리는 예술가
뒷굽의 껍질을 벗겨내며
라디오 장단에 맞춰 흥얼거리는 외계인
힘차게 발전기 모터를 돌려 광을 내는
빠른 손놀림의 힘찬 움직임

붕어빵

생뚱맞게 똑같이 닮았다
내가 닮은 건지 붕어가 날 닮은 건지
도대체 알 길이 없다
먹이를 찾아 헤매는 붕어 떼
빌딩 숲 사이를 물질을 하듯 빠져 다니는 붕어
깜빡깜빡 졸던 신호등 불빛이 밝아 올 때면
살이 통통한 월척 붕어들이 입을 뻐끔거리며
허공에서 엉덩이춤을 춘다
입가에 옅은 미소를 머금은 꾼의 조용한 포효
사거리 길모퉁이에 자리를 차지한 낚시꾼
꾸밈없이 선한 표정이 여유롭다
어망처럼 생긴 포장마차가 카바이트 냄새를 풍기며
지나가는 사람들을 유혹하고 있다
흔들거리는 불빛 사이로 하루치 분량의
반죽이 개어지고
배 속에 팥 알갱이 가득 담고 쫀득쫀득 차지게 다진 떡밥
유혹하는 달콤한 향기를 맡으며 창구에서
천국행 티켓을 사고 있다
일제히 붕어들이 놀이터에서 비행기를 탄다
두 팔을 벌리고 파도처럼 비행을 하는 붕어들
대로변이 다시 시끌벅적
사거리 신호등 밑 보도블록을 선점한 포장마차

또다시 지나가는 사람들의 콧속을
달콤한 냄새로 후벼 판다
달콤함에 정들면 콧속이 헐어도 좋다
빙글빙글 돌아가는 철판 위 접시 비행기
노릇노릇 익어가는 살 타는 냄새
사람 손에 이끌려 지나가던 강아지가
후각을 자극해 끙끙댄다
보도블록 길을 따라 한 마리라도 더 잡기 위해
낚싯대를 드리운 꾼들
웅성웅성 사람들이 포장마차 앞에 줄을 서고
입 속을 즐겁게 해줄 노릇노릇한 상상에
머릿속이 즐겁다
굵은 미꾸라지들은 대나무에 꿴 채로 다시마와 함께
물속에서 팅팅 불어 익어가고 포장마차 속의
여주인의 손놀림은 바빠지고
연신 철판 비행기는 돌아가고
꽁꽁 언 손 호호 불며 익어가는 겨울밤이 아름답기만 하다

수국 출산기

천수만 302호 병실
만삭이 된 산모들이 입원해 있다

철새들은 저녁노을을 피해 집으로 스며들고
영롱한 이슬들은 풀잎 뒤에 숨었다
푸른 숲이 달그림자를 길어 올릴 때
어둠 속에서 별빛을 매단 나뭇잎만 팔랑거렸다

새 떼들은 갈대숲으로 들어가 서걱대며 밀담을 나누고
호수는 달빛을 수면 위에 띄우고
어둠이 젖은 저녁을 거둬가고 있다

호숫가로 내리는 촉촉한 밤이슬
고라니 한 마리 갈대밭에서 길을 잃고
새들은 나뭇가지에 앉아 젖은 날개를 털고 있다

길짐승들의 쓸쓸한 울음소리
고요가 주는 안락함을 타고
휘어질 듯 호수 위를 미끄러져 흐르는 밤 풍경
물의 살결을 뜯어먹는 소금쟁이의 참견에도 흔들림 없는 호수

곡선을 그리는 유성들 사이로 달은 차 기울고
뭇별들이 뿌려진 수면 위로 양수는 터져 달빛에 젖고 있다
바람이 젖은 머릿결을 쓰다듬고 있다

달이 움트는 시간
갈대들도 숨을 죽이고
길짐승들도 길을 걷다가 쉬쉬하며 발걸음을 멈췄다
모두들 기도하며 지켜보는 눈빛들
수면 위로 달덩이 하나 쑥 하고 올라왔다

천수만 302호 병실
홀쭉한 뱃가죽을 비운 호수
푸른 달덩이 옆에서 미역국을 먹고 있다

양철 고양이

인적이 드문 허름한 지붕
가만가만 가을이 지나가고 있다
몇 장 넘긴 가을 위로 낙엽이 우수수 진다
울긋불긋 단풍을 물들인 산
가을 햇살에 익어가고 있다

입 벌린 하루는 햇살의 등쌀에 지쳐가고
하루살이는 눈앞에서 기승을 부렸다
턱관절을 괴고 입방정을 떨면
소리 없이 발걸음을 옮기던 나비

광목이불 홑청 전깃줄에서 펄럭이고
바람을 즐기는 바지랑대 끝 고추잠자리
흔들리는 견고한 움직임이 출렁거린다
군데군데 녹물이 번져 검버섯이 되어버린
낡은 흔적 위로
바람 소리 하나 지나갔다

보름달이 환하게 부풀고 있다
굴뚝 연기는 달그락달그락 수제비를 뜨고
아궁이를 드나들던 날렵한 울음소리
그을린 눈썹을 들고 부엌에서 저녁이 뛰쳐나왔다

별빛으로 쏟아진 울음소리
어둠을 피해 처마 밑으로 스며들고
목울대를 짚던 새들의 진맥
잃어버린 저들의 발걸음은 어디로 향할까

길모퉁이를 서성이던 계절의 눈망울이 맑다
쪽방을 전전하던 얇은 지식 몇 보따리
전봇대 밑 쓰레기봉투를 즐겨찾기에 저장해놓고
밤이슬을 맞고 쏘다니던 늦가을이 혀끝에 감기고
먹구름이 지나가는 길목에서 달빛처럼 서성거렸다

날카로움에 길들여진 눈빛이
어둠 속에 비친 담벼락을 핥았다
어둠의 등을 두드려 둥근달을 토해내던 양철지붕
누가 풀벌레 우는 가을밤을 달래고 있을까
녹슨 양철지붕 위로 달빛이 쏟아져 들어왔다

탕 탕이

담장을 타고 탈출한 놈들
발가락이 긴 놈들이 거실바닥을 기어 다닌다
머리에서 발끝까지 끈끈하게 젖어 있는
놈들의 거실 침투 사건
옆집에 몇 마리 분양을 하고 돌아오니
난장판이다

입맛을 다시며 세상의 고통을 만져본 적 없는 눈들이
문 틈새를 비집고 집 안을 들여다본다
탕 탕 탕 총소리가 거실 문틈을 비집고 기어 나온다
수도 없는 총성에 몇 놈이 죽었을까?
조용하다
그사이로 새어나오는 고소한 냄새
깻잎 한 장에 싸여 치도곤 되었을 놈들이 아우성이다

물이 없어 말라죽었을 놈들
햇살은 물을 길어다주고 싶었을 게다
햇살이 잘 드는 거실 창가
몇 놈이 탈출해 빨래 건조대로 기어 올라가
몸을 말리고 있다
온 집 안에 널브러진 놈들을 수거해
젖은 수건으로 감싸 안고 싱크대에서 세수를 시킨다

마른 탁자에 불을 피우고
생매장당하는 그들을 보며 경건한 마음으로 조문을 한다
낯선 손들이 허공을 허우적대며 반항을 했을 흔적들
거실 마룻바닥에 고스란히 남아 있다
토막토막 잘라진 몸뚱어리
그의 관자놀이도 아직까지 꿈틀거리며
안간힘을 쓰고 있고
파닥이지 못하고 휘두르는 칼날에 제 몸을 던져주고
치도곤 당했을 그의 마음을 우리는 알까?

꿀꺽 침샘을 넘기며 호시탐탐 노리는 또 다른 눈빛들
난도질당해 접시에 올라앉아 꿈틀거리는 저놈들
술 한 잔 따라지고 목젖을 타고 흐르는
싸늘한 전율이 소름 돋는다
옆집에서 또 총성이 울리고
우리 집에서도 총성이 울리고 온 동네가 사격장이다
거실 텔레비전에서는 낙지가 감고 있던 고래들이
화면 밖으로 툭툭 튀어나온다

표정 교배

인사동 골목 사진관
예술가게에 들러 나쁜 표현과 표정 하나를 샀다
신축성과 탄력성을 겸비한 모습
지식과 지성을 겸비한 지식인은 나태해지기를 거부
격상된 운율로 단추를 꿰다가 길을 잃었다
덜컹거리며 비포장을 달리는 자동차의 먼지 낀 표정
감각적인 예술성과 실용성을 겸비한 2종 교배 돌연변이
사진이 사진사를 찍고 있다
영혼을 증명하는 사진도 세일을 하다니
표정도 제각각
푸른 불빛이 번쩍일 때면 표정이 쓱싹 복사된다
복사집에는 밤 늦게까지 영업 중이다
액자에서 익숙한 표정을 꺼내다가 놓치는 센스
손을 뻗어 표정을 잡으려다 빠져 버린 팔
덜렁거리는 팔을 들고 길거리를 무작정 걸어 다녔다
멈춰 선 곳은 풍년 떡 방앗간
교배 중
표정 한 컷이 얼마에 팔릴까
복사집에는 가격표가 없다
표정을 하나씩 들고 집을 나서는 신도들
스산한 바람이 함박웃음으로 반긴다
주머니 속에서 찡그린 표정이 물컹하게 손바닥에 잡혔다

표정 뒤에 숨은 또 다른 표정이 웃고 있다
아무리 닫아도 닫히지 않는 곳에 표정 하나가 지나갔다
주방에서 설거지를 하고 싶어 제 몸뚱이에
세제를 바르는 행주
표정이 굳어 있다
굳은 표정 위로 수많은 엄마들이 태어났다
오래도록 다정했던 표정들이 시장바구니를 들고
나이트를 갔다
거울 속에 묻어나는 표정
소인이 찍힌 표정을 뜯어 읽는 털 빠진 양들
듣지 못하고 들은 것 같이 환한 미소를 보내는 표정
뜨거운 햇살 아래 텃밭에서 익어가는 표정
원산지 표시가 명확한 표정들이
수도 없이 복사되고 있다
수도 없이 찍혀 나오고 있다
거리에는 서로 다른 표정들이 교배 중이다

소금쟁이 표정 다리기

넓은 엉덩이에 먹줄을 튕긴다
먹물을 받아먹는 몸뚱어리
생각은 소리 끝에 머물고
빗줄기는 소리 없이 길어졌다

얼굴이 거뭇한 애들이 떼거지로 오고
배 속 빵빵하게 공기를 불어넣는다
뜨지 않게 벽돌 하나를 매달고 가라앉는다

헛배가 부를 시간
거품을 구름이라 부른다
부풀어 오른 빨래가 집게를 물고 허공에
척척 걸렸다
소나기는 주름을 펴는 중

외출하기 좋은 날
이런 날이면 연못에 동전 한 개 던져볼 일
부레옥잠은 물 위에 자꾸만 눕는다
손바닥으로 물의 가슴팍을 눌러
라마즈 호흡법으로 수초를 회생시킨다

한 번 켜보지 않았던 손가락 열 개

현악기 줄을 뜯는다
한쪽 발로만 물을 밀어
방동사니 골목을 가로질러 흐르고
반쯤 감긴 눈망울로 파리채를 휘두르는 황소개구리

검은 비닐 봉지 위로 떠다니는 허공의 벽
딱딱하다
녹슬지 않은 잠복기
물 표면에 낀 때를 민다

귓구멍 속으로 물은 점점 차오르고
짭짤한 놈들이 꾸덕꾸덕 말라가지 못하는 심정
팽팽한 물음표가 물 위에 떠다닌다

혓바닥의 의미심장한 말
툭 던져본다
빵조각의 그늘에서 곰팡이는 포자번식 중

밥도둑

지나가던 아이가 엄마를 보챈다
각자 다른 무게로 누워 있는 비린 냄새
몸속을 죄다 내어주고 길가에 누웠다

수족관에도 길이 있다
바다가 펴다 준 물고기
먼 바다와 송신을 하고 있다
같은 모습 다른 무게로 누워
수술대 위에서 퍼덕이는 갯냄새

반쯤 감긴 눈동자 옆으로
시선들이 수없이 지나가고
바다 귀퉁이를 펴 담아 싱싱하게 뿌렸다
담배 불빛에 흔들리는 선장의 까무잡잡한 광대뼈
어둠을 깔고 앉은 포구 속살이 가득 차 야무지게 영글었다

혀끝으로 고이는 침샘
마른 김 조각이 천막을 치고
내 몸속을 박박 긁어 담았다
동굴 속에서 터져 나오는 흐뭇한 비명
뚝딱 비운 밥 한 그릇
얼굴에 붙은 밥알 하나

아이의 배 속에 바다가 들어 있다

제4부

홰를 치다

어느 죽음

어느 낯선 죽음
소문만 무성했다
도로 위에 누운 화려한 생 하나
바람은 술 취한 사람으로 달려오고
차는 휘청대며 비켜 지나고
햇살에 달군 지면 위로 무엇인가 엎어져 있다

먹이를 찾아 산기슭을 내려와
물 한 모금 채 마시기 전
이승의 끝에 닿은 기차
수많은 바퀴에 눌린 한 생이 저물고 있다

날파리 몇 마리 조문하고
울타리 있었으면 죽음의 경계를 넘지 않았을 터
차가운 벽 속에 갇혀 구름과 바람의 무게를 견디지 못했을 것
붉게 한 생을 저물게 했는가?

속도에 쫓겨 달리는 저 눈부신 상자들
댓글에 저무는 한 생들
스티커 한 장을 이마에 붙여주고
길바닥에 누워 말라가는 한 생을 구할 방법이 없을까

빵

물레처럼 풀린 전언이 돌부리에 걸려 넘어졌다
바람이 까치발을 들고 걸어 들어와 의자에 앉는다
책상 위를 튕겨 건너다니며 도시락을
훔쳐 까먹는 까치들
학생주임의 끈질긴 추적
파리 떼의 공습경보에 지문들은 다 없어지고
자꾸만 좁혀오는 불안감이 두피 한 귀퉁이에
매달려 흔들린다
유추된 도시들이 초토화됐다
그래도 구름과자를 먹는 아이들

돌팔매를 들고 풍차를 돌리는 바람의 팔
거짓말들은 하얗게 희석되어 변해갔고
죄송스러움은 강냉이 빵처럼 부풀어 올라 빵빵하게 숙성됐다
하루하루가 헐겁고 느슨하게 흘러갔다
낡은 칠판에서 하얗게 부러지는 거짓말들
내면적인 마음을 들고 수학공식을
풀고 있는 바보천치들
난로 위에서 자꾸만 부풀어 오르는 공갈빵
우산을 잃어버린 아이들이 처마 밑에서 새의 눈빛으로 졸고
밤새 해온 숙제를 교실 난로 입에 팔아먹는 담임 선생님

학교 담장 너머엔 예술가 한 분이 살고 있다
거품을 기르고 가위로 싹을 자르는 솜씨가 수준급이다
그의 손을 거치면 말쑥한 고슴도치 웃음 한 장씩이 쏟아져 나오고
눈을 감고 가죽벨트에 칼날을 갈고,
숫돌에 가위를 갈고,
가짜 머릿결에 참빗을 갈고
눈먼 악사의 연주에 맞춰 현란한 손재주를 부린다
창문 틈으로 들어오는 햇살에 그림자가 흰머리를 뽑고
옷을 벗어 이를 잡는다

학교 연못에는 고래 한 마리가 산다
고래 등에서 뿜어져 나오는 흰 물줄기
쉬는 시간 새끼 고래 몇 마리가 담배를 뻐끔뻐끔 핀다
공갈빵을 먹는 오후는 참 길다

어둠 세탁기

비눗방울을 닮은 남자
기어 다니는 바퀴벌레를 잡아먹으며 살고 있다
지루하다 싶으면 짜증을 볶아 튀겨 먹기도 하고
벌레 잡는 법을 빌려주기도 한다
어두운 바람을 껴안는 스산함
껴안기가 여간 버거운 게 아닌 줄 알면서
바람 따라, 구름 따라, 동그라미를 따라
기꺼이 돌고 있다
혼자 표백되어가는 과정도 좋다
미쳐 날뛰는 사슴 눈망울
사방은 어둠 방관자들로 가득하다

새벽을 쫓아온 저녁이 시끄러웠다
침묵이란 단어를 몰라 침묵으로 일관하고 있는
검은 물관을 따라 종아리가 팽팽하게 경직되었다
벽에 오줌을 지리는 것들
헐거운 벽들이 사방에서 몰려와 돌아가는 줄도 모르고
할머니는 아이스크림을 먹는 아이의 무릎을 베고
어지러워 잠이 들었다

누군가 코를 벌름거려 울음 냄새를 맡다 쓰러지는 밤
빗줄기는 한 켤레의 신발

초록을 입고 달아나다 안개처럼 넘어지고
문간방에는 손님은 없고 조용한 봄이 들어와 머물렀다
세모로 눕는 법을 배우는 곡선
물방울은 처마에서 떨어지기가 무서워 벌벌 떨고 있다

지독한 흉내

건조대 위에 누워 대신 말라가는 비눗방울 여인
가장 오래된 흔적은 멈춰 선 고물 세탁기였다
통 속은 언제나 어둡고 컴컴한 통로
계단은 항상 쓸쓸했고 표정은 항상 어두웠다
휘파람을 즐겨 불던 저 표정
해열제 없이는 잠들지 못하는
어둠은 깊은 잠 속으로 빠져들 수 없는
방바닥에는 빨래들이 여기저기 흩어져 방치된 혼란
갤 수 없는 빨래에 대한 오해
물의 힘찬 방귀 뀌기

메콩강에서 길을 잃다

그는 저 폐타이어 질질 끌고 가는 낡은 트럭처럼 살아가요
고단함이 묻어나는 하루
겨울을 등에 지고 밭고랑에 홀로 핀 민들레처럼
억척스럽게 일에 치어 살아왔습니다
밀물처럼 밀려오는 생각을 잠시 접어두고
내 몸속의 겨울을 데리고 더운 나라로 여행을 떠나요
두 팔을 벌리고 하늘을 날았어요
비행기는 메콩강 줄기의 수상 가옥에 비상착륙을 하고
물비린내 나는 말들을 거품처럼 내뱉으며 그들에게
모스부호를 전달해요
햇볕에 그을린 어부의 선한 눈빛
알아들을 수 없는 말들에 대답하는 것은
고작 몸짓과 행동뿐
소귀에 경을 읽어도 유분수지 도대체 알 길이 없네요
허름한 판잣집
구부러진 강줄기를 따라 다닥다닥 붙어 있는 따개비들
입 벌린 저녁 속으로 붉은 석양이 밀물처럼
빨려 들어가요
야시장 한구석 흔들리는 네온사인 불빛
색이 다른 청춘들이 하나가 되어 광란의 파티를 시작해요
코끝을 자극하는 향신료 가득한 야식들
알코올의 농도를 능가하는 몽환적인 밤의 밀도가

한없이 끈적거려요
아픔을 지불하고 흔들리는 불빛을 샀어요
정글 속을 퍼붓는 소나기와 같이 쓰라리고 아팠던 기억
지난 하루를 꺼내 기억을 더듬던 상처투성이의 온몸
진흙처럼 딱딱하게 굳어버린 마음을 옷소매로 닦아보아요
마리화나같이 혼미한 밤이 내게는 친근하게 다가왔었죠
기억이 길바닥에 버려진 생각 한 조각을
잃어버린 줄도 모르고
진부한 삶을 나선형의 쪽배에 의지한 채
살아가는 그들
그 속에 내가 있었다는 사실이 후회스러웠어요
빗줄기를 양동이로 쏟아붓는 하늘에 주술을 외워요
정글 숲속엔 원숭이들이 타잔처럼 그네를 타고 살고요
돌아오는 나를 배웅해주던
맑고 선한 눈망울의 아이들이 자꾸만 눈에 밟히네요
꿈속 같았던 메콩강에서의 기억들이
시간을 밟고 지나가네요
황토색 물줄기마다 군데군데 늘어선 수상 가옥
꼭지점에 걸려 더 이상 흐르지 못하는 화선지 한 장
더듬는 기억이 물감처럼 번져 스며드네요

비린 넋두리

귀가 간지러워 미치겠다
누가 먼 곳에서 욕지거리를 퍼붓나 보다
비린내 나는 말들은 햇살에 따뜻하게 구워지고
백합의 마른 혀도 탱탱하게 농락당했다
내 마음도 햇살에 붉게 저물고
갯바람에 떠밀려온 바다의 옆구리는
붉은 노을에 도난당했다
바짓단을 걷어 올리고
수평선 위를 꽃잎처럼 찰방찰방 뛰노는 어린 목각 인형
아무것도 없는 캄캄한 어둠 속에서
썰물에 떠밀려 내려간 손 한 짝을 더듬어 찾는 검은 물질
빈손이 또 다른 빈손을 물속에서 만진다
미끄덩한 감촉
윙윙 수평선이 감기고
날파리가 귓속말을 전한다
갯벌에 쌓인 퇴적물은 질퍽하게 노을 속에 저물고
바닷바람으로 입 안을 헹구는 파도
노을은 바다를 그리고 바다는 파도에게 말을 건다

평온이 엎질러진 작은 포구
어둠을 퍼 담던 갈매기도 잠을 청하고
비를 쫄딱 맞은 생쥐 한 마리 텀벙텀벙

이리저리 뛰며 갯벌에 발자국을 찍는 모양새가 정겹다
비린 풍경
시간이 걸려 넘어지고 있다
은은하게 내 귀를 적셔준 바닷소리
소라껍질을 가지고 저물도록 연주를 하는 어린 목각 인형
풋내가 아직 가시지 않은 조무래기들의 합창
노을은 바다를 닮은 아이를 낳고
바다에 신발 한 짝을 두고 온 배들은
저녁노을을 짊어지고 하나씩 포구로 돌아오는 시각
뱃고동 소리를 닮은 갈매기의 울음소리가 슬프다
부리를 물속에 처박고 물질을 해대면
찬물에 밥을 말다 만 억센 사내의 손길은 거칠게
가슴을 파헤치고
깜빡깜빡 저무는 백합의 눈꺼풀
밥상 위에 핀 고봉밥 꽃 한 송이 후딱 해치우고
퍼붓는 잔소리에 포구는 그렇게 또 저물고 있다

외눈박이 엄마

엄마의 낡은 내복 고무줄을 훔쳐
새총을 깎아 만들었다
전깃줄은 팽팽하게 긴장하고
견고한 삶을 움켜쥔
손가락의 선명한 힘줄
진화되어가는 새총의 기술
행패의 늪에 빠진 속수무책이 허우적거린다
새는 한쪽 눈을 감고 표적을 겨냥
새총이 날라다준 아픔을 맞고
정신 줄을 놓은 엄마

새총에 맞아 시퍼렇게 멍든 눈
인정머리 없는 관대함이 야속했다
까만 안경을 쓴 새들
세상을 가려보지만 속수무책이다
새는 푸드덕 하늘 높이 날아
깃털 하나 떨어뜨려주는 센스를 부렸다

그림자는 목을 길게 빼고 길어졌다
일몰은 제멋대로 붉게 물든다
부리로 쪼아 목구멍으로 넘어가는 살점

꿈틀거리다 먹힌 삶의 발버둥친 흔적
남김없이 깨끗하게 먹어치웠을까

날개를 펴야만 날 수 있는 것인가
쪼그리고 콩콩 뛰면 안 될까
수직으로 하강하고 싶은 꿈
곤두박질쳤다
시침 뚝 떼고 안 그런 척
농담 한번 툭 던지는 저 뻔뻔스런 행동
부리로 신발 끈을 동여매고
힘차게 날아오를 준비를 하는 엄마

이러지 말아야지

바람이 등 뒤에서 허리를 감는다
발뒤꿈치 어디에선가 들려오는 낯선 뒤틀림 소리
아주 멀리서 가끔 들려오는 마른기침 소리인 줄로만 알았다
쿨럭쿨럭 다리를 절며 그가 걸어온다
바람이 잠시 머물다 간 나무 의자엔
누군가 잠시 남기고 간 따뜻한 온기가 흩어져 있다
세상 물정 모르고 취해 흔들거리는
그는 전봇대가 친구다
욕지거리를 해대고, 멋모르고 발길질을 해대고
고래고래 고함도 질러본다
눈꺼풀은 초승달이다
고집불통
봄 햇살 아지랑이에 홀려 이등분을 사랑하던
한때가 그립다
분가를 외쳐대던 시위
밥숟가락을 내동댕이쳐
회초리로 종아리를 맞던 철없던 한때
달달한 그리움이 반쪽 인생을 연명하게 해준
기억에게 한없이 고맙다
무심코 지나가던 길 위에서 운명 하나를 주웠다
옷소매로 반짝반짝하게 닦아 주머니에 넣었다
구겨진 신문지

너덜너덜해진 시간 위로 터덜터덜 걸어오는
바람의 발걸음
무거웠다
흔들리던 자존심을 접고 주머니에서 꺼낸 동전 하나를
공중전화 입 속으로 넣는다
앙칼진 목소리
씀바귀처럼 쓰다
노란 민들레를 생각하며 허공을 본다
빨랫줄에 걸어놓은 새들을 뜯어 바구니에 내동댕이를 친다
못난 놈 어디에다가 화풀이람
발가락을 감고 재잘대던 철새들
골목길을 슬리퍼를 끌고 지나가는 바람
긴 호흡 한 소절이 슬프다
입 속으로 시간의 끄나풀들이 지나가고
어둠은 질긴 인연을 끌고 너무 멀리 왔나 보다
흔들리는 밤의 가장자리에 앉아 있는
노숙자의 그늘진 어깨 위로
골판지 한 장이 견고한 바닥을 막아줄 유일한 존재
빈 주머니를 털며 가슴 따뜻한 사회를 꿈꿔 본다
내일은 이러지 말아야지

민달팽이 아버지

빗방울이 건반을 두드리며 연주를 하고 있다
스치듯 지나가는 비바람
꽃 한 송이 툭하고 진다
비가 그치자 건반을 뜯어가는 구름
허공을 긁을수록 슬퍼지는 목젖
목청을 높일수록 힘줄은 견고해졌다
낮은 자세로 기어간다

민달팽이

설거지를 하다가 싱크대에 걸쳐놓은 고무장갑이
툭하고 떨어지고
거품 묻은 그릇이 미끄러져 떨어지고
병실 화병에 꽂혀 있던 꽃잎이 툭 하고 지고 있다
시린 손등 위로 검버섯이 함박눈처럼 내리고
물 위로 귀들이 전부 가라앉고 있다
허공에 떠다니는 눈썹
세상을 가리기 위해 안경을 쓰는 건 결코
쉬운 일이 아니다
구름은 영원한 등고선
바람이 이마를 문지른다
고치는 법을 배우지 못해 넥타이를 한 번도 매본 적이 없다

베란다에는 그늘을 기르고 있다
햇살과 이별하였으므로
밤새 잠이 오지 않아 뒤척일수록 폴폴 솟아오르는 먼지
습기를 밟아 꼈다
머리 깎고 투석을 하다 말고 나비바늘을 빼고 달아났다
병실 안 쏟아지는 안부들
옥상 난간에 올라가 나비 흉내를 내는 중
손놀림이 서툰 새들의 시선은 겸연쩍다
깊어지는 소리를 들여다볼 수 있어서 좋다
안개는 물방울을 모으고
어디든 떨어뜨릴 준비를 하고
결핍으로 무장한 지금도 누군가 슬픔을 이식하고 있다
구김선이 올바르지 않다
이음동의어로 꿰맨 자리가 심상치 않음을 느꼈다
귀를 팔랑거리는 플라타너스 잎
병실 창가로 햇살이 쏟아져 들어온다
골판지처럼 골골했던 당신
꽃이 지기 전에 물고기 한 마리가 그물 속에서
파닥거리고 있다
툭— 하고 지기 전에

벙어리장갑

일찌감치 땅거미 지는 마을
새들이 저녁연기를 보고 집으로 돌아왔다
놋숟가락 위로 뒤뜰에서 따온 푸성귀가 풍성하다
밥상 위로 꾸벅꾸벅 졸고 있는 저녁

반질반질한 옷소매를 개울 너머로 부르는
엄마의 고함 소리
머리에 도장 버짐 한 장씩 얹은 놈들이
훌쩍이며 달려왔다
허리춤에 흘러내린 아슬아슬한 홑겹 바지
입가에서 꼬물거리던 가을바람은 저물고
어둠을 세숫대야에 퍼 담아 꼬질꼬질 닦아내던 엄마
때 구정물이 새카맣다

작두에 썰린 풀들 여물통에서 잠이 들고
모깃불로 번져 오르는 밤하늘
매캐한 어둠 속에서 달그락 숟가락이 콧구멍을 더듬었다
후딱 비운 밥그릇 소리는 그치고
들마루에 누운 동심 위로 별들이 쏟아졌다

따스한 아랫목 온기를 나눠주던 밤

서어나무 가지는 숨을 멈추고 잠의 입천장에서 서성거렸다
여린 웃음 새근새근 무릎 위에 잠이 들고
눈망울이 선한 새들은 가을의 무게를 내려놓고
밀린 잠의 눈 속으로 파고들었다

푸른 이국의 밤은 침몰하고 있다
물고기 심장박동 수는 빨라지고 입은 있는데 말이 없다
벙어리장갑 속에는 벙어리가 들어 있지 않았다
수천의 귀뚜라미 울음소리는 가을밤을 적시고 있는데
재잘거리던 소리는 저녁 속에 갇혀버리고
밤이슬은 소리 없이 가을밤을 흠뻑 적셨다

아직은 절름발이

10차선 도로에 까마귀 떼 극성이다
촛불 하나씩 켜 들고 광화문 네거리로 날아들고 있다
옥상 광고판 디지털 숫자는 늘어나고
분홍빛 셔터 소리는 수도 없이 터지고 있다
건물 옥상에 널려 펄럭이는 하얀 광목 치마
소망을 담은 간절한 눈빛들만 가득 담겨 있다
별빛은 캄캄한 서식처에서 저물고
꺼지지 않는 촛불은 변곡점에서 반사되어
둘로 갈라지고 있다
좌익과 우익, 여당과 야당
검은 그림자를 끌고 가는 빛의 무게
절취선을 따라 걷는 날카로운 눈빛들
하얀 벽이 길거리에 세워지고
다른 한쪽에는 묵언 수행자들의 행렬이 이어지고 있다
지구 반대편에서 날아와 손에 손을 잡고 깍깍
울어대는 까마귀의 절규
시베리아 벌판을 돌아 난기류에 휩싸여 정착한 이곳
광화문 오지(奧地)
정치가 경제의 멱살을 잡고 흔들고
지표는 발을 헛디뎌 낭떠러지로 굴러떨어졌다
어쩔 수 없는 선택
어디로 굴러가는지 목적도 없이 굴러가는 수레바퀴

까마귀 떼들이 눈 뜨고 볼 수 없어 거리로 나섰다
한산했던 길거리는 까마귀 떼들로 가득하고
거리는 순식간에 점령당했다
지면 위에 떠 있는 물 대포는 고개 숙여 꽃잠이 쏟아지고
부리를 땅에 괴고 머리 숙여 기도하는 까마귀 떼
방탄복은 도로 위 소화전을 깔고 앉아 졸음을
쏟아내고 있다
휘청거리는 경제
바로잡히기만 바라보는 선한 눈빛들
손에 든 하나하나의 촛불이 희망을 밝혀주고 있다

홰를 치다

키*는 더 이상 간지러워 구르지 못했다
검부러기 몸속에 스며들어 팔짝팔짝 까부르고
귀는 간지러워 오고
머리끝은 바짝 서고
아랫도리는 긴장되어 팽팽하다

사랑채 너머 텃밭
푸성귀들 쑥쑥 자라고
아랫집 미스 킴 물 버리러 들락날락
연자방앗간으로 도망쳐 스며든 해의 뒤통수
싱그러운 웃음을 황토 벽면에 칠하고
노새는 없고 빻다 만 댓돌 졸고 있다

가려움은 더욱 깊게 번져나갔고
소문은 순식간에 퍼져나갔다
돌아오기를 꺼려하던 입방아
이러쿵저러쿵 말은 오랫동안 디딜방아를 찧고
고춧대를 동여맨 결박은 견고했다

가슴으로 꽃핀 열매
돌담 너머 감나무엔 홍시가 주렁주렁 열리고
깨진 망상들이 머릿속에 박혔다

누드 하나 눈 안에 그려 넣고
고독을 가슴에 품고 목 놓아 울부짖던 닭장
비틀거리지 않던 날들이 어디 있었으랴

물은 온몸에서 회오리치고
매듭은 엉켜 풀리지 않고
고름을 짜내고 연고를 발라야 편안해졌다
덜컹덜컹 창문이 흔들리며 엉킨 바람을 푼다

칸나를 든 까까머리
닭장 안에 들어가 웅크리고 앉아
홰*를 치고 있다

* 키 : 곡식 따위의 불순물을 제거하는 기구.
* 홰 : 닭이나 새가 올라앉도록 닭장이나 새장 속에 가로지른 나무 막대.

습식 재단기

두툼한 껍질 안쪽에 누군가가 섬유질을 뜯어먹고 산다
견고한 섬유질 매듭이 만나는 이음새 밑 으슥한 곳에
둥지를 튼 채 지퍼를 열고 웅크리고 앉아 있는
이름 모를 생명체 하나
거친 숨을 몰아쉬는 심장의 숨소리가 벌렁벌렁
얇은 껍질을 열고 닫는다

먹구름 덩어리를 풀어놓고 흐릿한 기억 속을 빠져나와
실밥을 뽑아내고 있는 누에고치 같은 처절한 절규의 삶
시멘트 바닥에 깨져 흩어진 파편 조각들
동등한 위치를 고집하며
땅바닥을 기어 다니던 생명체의 일생
어둠의 껍질을 벗겨내던 새벽의 숨소리가 조용하다

공명을 울리던 교회 종소리는 소리 없이 흩어지는데
빈 무덤마다 휩쓸려 넘어진 머리카락을
손가락으로 빗겨주던
짙은 회색빛 아침의 고즈넉한 바람
땅바닥이 짙은 갈색으로 축축하게 젖어
외롭고 쓸쓸하던 날
어두운 빛이 스며들지 않던 그곳

살갗의 표피를 뚫고 기어 나오는
환형동물의 긴 행렬이 처절했다

촉수 마디마다 온몸을 비틀며
이마에 길을 내던 벌레들의 애환
버둥거리는 생명체의 발바닥이 많이 닳았다
촘촘하게 이빨로 섬유질을 물어뜯던 생명체들
부화된 유충이 썩은 환부의 고름을 빨아먹고
연명하였을 삶
새살을 기다리며 새로운 삶을 꿈꾸고 있는
생명체들의 태동이 힘차다

메타포(Metaphor)와 시적 상상으로 통찰한 존재인식의 미학

— 박종영 시집 『서해에서 길을 잃다』 서평

최 병 영 (시인, 문학평론가)

시는 순결한 영혼의 의식을 빗질하여 특별한 한 올의 실올을 뽑아내는 경이로운 결정적 행위이다. 시는 상상력의 자유로움과 진동의 언어로 구현하는 내면의식의 층위와 의미론적 순환으로 이루어진다. 자신을 해체하고 재조합하는 창조적 행위의 동기는 시적 상상력에 기인한다. 로버트 프로스트는 "쓰는 사람에게 경이감이 없으면, 독자에게도 시는 경이롭지 않다."고 했고, 젭 목 교수는 "시 쓰기란 대담성의 표출행위"라고 했다. 경이감과 대담성은 '감동적인 실험과 도전정신'으로 풀어 해석해도 좋으리라. 시작행위에 긴축미와 사유의 깊이, 예지가 화학적 융합을 보일 때 명시는 탄생한다. 대담성은 경이감에서 촉발되고, 긴축미는 농밀한 함축성과 탄탄한 텍스처의 소산이다. 시를 쓰는 일은 끝없는 번민과 회의를 반복하는 일이다. 사라지는 것들을 지키기 위하여, 살아온 삶의 자취를 되새기고 담아내기 위하여 시인은 숱한 망설임을 극복하고 탈고한다. 겉으로 내보일 수 없는 감상의 편린들을 길어 올려 작품으로 꾸리고 매만지고 정제하는 것은 숙연한 일이다.

여기, 그렇게 숙연하여 숨결을 가눌 수 없도록 전율을 몰아오는 시집의 탄생과 직면한다. 박종영 시인이 상재(上梓)한 시집 『서해에서 길을 잃다』가 바로 그것이다. 들숨으로 깊이 심호흡하고 작품 속으로 발길을 들여놓는다.

1. 치밀한 관찰과 묘사, 섬뜩한 시적 투시력에 의한 영혼 교감의 메시지

손끝 아린 추위도 봄을 잉태하기 위해 겪어야 하는 필연적인 시련의 과정이리라. 박종영 시인의 제반 작품은 서릿발에서 피어난 눈꽃을 닮았다. 그러기에 모든 작품이 찬연하고 의미심장하다. 박종영 시인은 결코 시의 고속도로를 달려 질주하지 않는다. 그는 항상 호흡과 시선을 지방도에 두고 주위에 주목한다. 고속도로는 시간의 얽매임이 지배하는 직선구조로 이루어진다. 정면만을 응시하며 쾌속 주행하는 게 본연의 사명이다. 그러나 지방도는 주위도 돌아보고 사유의 깊이와 성찰을 이룰 수 있는 곡선구조의 여유로운 공간이다. 박종영 시인은 그런 길의 행로에서 사물과 자연을 깊이 있게 살피며 참된 삶과 존재의 의미를 탐구하고 새로운 사실을 발견하여 의미를 부여한다. 치밀한 관찰과 묘사, 섬뜩한 투시력이 상황을 압도한다. 박종영 시인의 작품은 상상력이 입체적이고 독창적인 감수성과 화법이 두드러지며 언어에 대한 자의식이 강하고 개체화된 감정과 관념을 구현하는 데 주저함이 없다. 그러기에 시행과 행간의 여백이 견인주의적 접근을 주도하여 강렬히 독자의 혼을 흡입한다.

박종영 시인이 상재한 시집 『서해에서 길을 잃다』의 작품들은 대체적으로 난해성을 지닌다. 이는 인간의 감정과 정서를 주조로 엮어내는 주정시(主情詩)적 요소보다는 인간감정을 억제, 조정하고 지성적 표현을 주조로 하는 주지시(主知詩)나 지성과 감정을 동반하여 의지적 내용을 표현하는 주의시(主意詩)적 요소가 강하기 때문이다. 때문에 박종영 시인의 작품은 턱을 괴고 깊이 사유하며 탐독할수록 시의 맛이 쫄깃쫄깃해진다. 박종영 시인이 상재한 표제시 「서해에서 길을 잃다」를 살펴본다.

바다의 어깨가 좁다
검은 양복의 재봉 선을 따라 내려가다 만난 길
유난히 손금처럼 가늘고 긴 길에서 서해바다를 만났다
넘치는 방파제의 턱 선에서 거품처럼 게들을 게워낸다
살을 섞다 만 게들이 옆걸음질 치고
산산이 부서지는 뼈의 마디 낡은 음들
심장 깊숙한 복도 끝에 박혔다
누군가 따끈따끈한 심장을 썰고 있나 보다
중심이 텅 비어서 아무것도 보이지 않는 서해바다
한 송이 꽃이 꿈을 키우며 아름답게 살아가야 할 그곳
귀퉁이를 잘라 그 안에 방을 만들어
진하게 마음을 나눠 사랑을 하고,
아이를 낳고,
끈끈한 정으로 손을 잡고 살아가야 할 땅

맨발로 하얀 눈 위를 걸으며
무겁게 가라앉은 마음을 달래주고
젖은 손으로 땅을 어루만져주고 싶다
심장은 서산마루를 넘어가고
새들이 길을 잃은 캄캄한 밤
들풀보다 가벼운 어둠의 이불을 덮고
사정없이 퍼붓는 비를 맞으며
옷도 걸치지 않고 무작정 달렸다
바다의 심장이 퍼덕이는 그곳을 향하여
붓을 들고 꽃을 그리다가 그곳에서 길을 잃었다
이제는 내 몸도 줄기까지 빼빼 말라
바삭바삭 소리가 난다
어둠 속에서 몰래 숨어들던 꽃향기
난청이 된 귓속에 파도소리가 은은하게 들려올 때면
두 눈이 짓무르도록 서해에서 길을 잃고 싶다

—「서해에서 길을 잃다」 전문

위의 작품에서는 시적 메타포(Metaphor)가 극치를 이루고 있다. 감히 누가 섣불리 흉내 낼 수 없는 절정의 은유를 함유하고 있다. 현대시론에서 메타포는 가장 중심적인 논의의 대상으로 존재한다. 아리스토텔레스는 『시학』에서 "가장 중요한 것은 메타포를 마음대로 부리는 일로써 그것이야말로 남에게서 배울 수 없는 것이며, 좋은 메타포는 다른 것들 속에서 같은 것을 직관적으로 파악함을 뜻하는 까닭이다."고 말하고 있다. 메타포는 시인의 특유한 직관 능력의 소산이다. '메타포' 라는 서양 용어의 뜻은 '자리를 바꾸어 넣는다.' 는 뜻을 지닌다. 아리스토텔레스는 이를 '어떤 사물에다 다른 것에 속하는 이름을 갖다 붙이는 것' 이라고 진단하는데, 이는 유추를 근거로 하여 보편에서 특수, 특수에서 보편, 또는 특수에서 특수로 바꿈으로써 생기는 것으로 파악했다. 그 목적은 장식, 선명감, 의미의 명확성, 또는 호기심을 자극하는 수수께끼를 위해서라고 수사학자들은 말한다. 메타포는 이런 목적들 중에서 특히 선명한 시각적 인상을 강조하고 있다. 선명감을 부여하는 장식, 유추에 의한 유사성의 발견, 새말의 창조, 지적 자극 등의 수사학적 관점은 시의 비유적 요체이다.

박종영 시인의 작품 「서해에서 길을 잃다」를 들여다보면 시인이 특출한 언어의 연금술사임을 여지없이 긍정하게 된다. 그와 더불어 시적 자아 의식의 다층적 확장성과 감각적 언어 부림도 눈길을 끈다. 시적 자아는 양복 재봉 선을 따라가다 어깨가 비좁은 서해 바다를 만난다. 중심이 텅 비어 아무것도 보이지 않는 바다는 꽃이 꿈을 키우며 살아가고 사랑을 하고 아이를 낳으며 끈끈한 정으로 평상적 삶을 영위해야 할 공간으로써, 시적 자아는 젖은 손으로 어루만져 주고 싶은 열망을 느낀다. 이렇듯 소중한 바다는 새들이 길을 잃고 사정없이 비를 맞는 현실 세계의 모습으로 변환되고 시적 자아는 여기에서 바다의 심장이 퍼덕이는 공간을 향해 꽃을 그리다가 그만 길을 잃는다. 길을 잃는 것은 과거 종결형이기도 하고 미래 지향적이기도 한 복합성을 지닌다. 이상향에 대한 소망과 현실 세계의 삶이 대비되어 시적 감성을 강화한다. 이런 형태의 진술형식은 다른 작품에서도 궤적과 맥락을 같이하고 있다.

불순물의 변종들
지구는 거꾸로 사라고
불분명한 종과 속의 불규칙한 교배
수정된 배아는 씨방에서 무럭무럭 자라고
꽃자루의 풀린 매듭
흥건하게 젖은 물렁뼈를 타고
길 잃은 결정체 하나 찾고 있다

—「꽃의 잉태」 일부

그 위에서 살의 얇은 막이 터지도록
땀방울을 쏟아놓을수록 꺼져가는 의식
환하게 피어나는 붉은 꽃
순결의 옥토에 구덩이를 파고
사랑을 심을수록 잡풀만 무성하게 돋아나 자라고
뜯어낼수록 수북하게 자라나는 푸른 욕망
혀를 날름거리며
다리를 감고 꽃물 속에 빠져 있다

심하게 흔들릴수록 더욱더 진하게 물드는 꽃잎
꽃물이 골짜기를 타고 흘러내리면
발바닥에 화분을 묻힌 털 달린 짐승들이
꽃샘 속에 발을 담그고 재잘재잘
아마도 서로에게 길들여지고 있는 중
나도 당신의 꽃잎에 갇혀 환하게 피고 싶다

—「꽃 속에 갇히다」 일부

캄캄한 입술을 더듬어
꺼끌꺼끌하게 마른 밥알을 목구멍으로 삼킨다
목젖의 떨림과 긁힘의 미약한 소리
너의 열린 몸속으로 내가 들어간다
꽃이 피듯이
꽃이 지듯이
겨드랑이 깊숙한 곳을 간질이며
소리 없이 조용히 움튼다
함몰되는 꽃의 눈동자 속에서 흘리는
소금물 뚝뚝 받아내며
풀어지듯이 깜빡깜빡 지워지고 있는 그녀
꽃 진 자리에서 질척이며 와글와글 울고 있다
당신이 까만 밤 속에서 하얗게 피어날 때까지

—「슬픈 야생화」 일부

소낙비가 후두두 마른 가슴을 적시던 날
그 비를 다 맞고 젖은 몸으로
들국화 꽃 한 아름을 안고 찾아왔습니다
그리고는
내 가슴에 안기어 엉엉 울며
손끝으로 타오르는 마음속 전율을
한 올 한 올 죄다 풀어놓던 당신

숲이 내게 말을 합니다
소낙비에 젖어 내게 온 꽃잎은
가냘프고 어린 들꽃이라고
한 송이 꽃으로 태어나서

하나의 이름으로 꽃피워 올린 당신
이름 모를 들꽃으로
숲에서 살아온 당신이 애처롭습니다

오늘따라 이렇게
하염없이 비가 오는 날에는
들꽃으로 태어난 당신이
무척이나 보고 싶습니다

—「들꽃 당신」 일부

시인은 깊은 사유의 촉수로 삶의 가닥을 감지한다. 박종영 시인은 꽃을 좋아하는 꽃의 시인이다. 꽃에 관한 목소리를 듣고 꽃과 함께 잠을 자고 꽃을 태우다가 손가락을 데인 적이 있다고 자술(自述)하기도 한다. 일련의 꽃 시들이 보여주는 자연스럽고 유려한 표현과 완숙한 경지, 현실에 대한 인식의 깊이, 표현의 참신성이 단연 압도하는 작품들이다. 인공의 기미가 전혀 없는 날것의 자연을 탐미적으로 그린 시들은 정열의 단맛을 향해 치달아가는 검붉은 자두처럼 염원이 신열로 탱탱해진다. 앞의 시들은 상상력의 진폭이 매우 커 탐독하는 재미를 만끽하게 한다. 이런 시들은 독자의 이해력과 분석력, 추리력을 요한다. 시인이 지닌 관념적이고 철학적인 개념을 이해하기 위해서는 시적 제재에 대한 형이상학적인 접근과 사물에 대한 인식의 깊이가 우선 되어야 한다. 글은 곧 사람이라는 뷔퐁의 지론처럼 여기에는 제재 및 주제와 이미지의 활용 등 기법적인 변모가 발전적으로 반영되어 있다.

꽃은 향기의 진원지이다. 향기는 은일하고 집요한 끌림을 전제로 한다. 꽃은 날짐승과 곤충들을 감미롭고 매력적인 향기로 사로잡아 머물게 한다. 향기는 아름다운 외형 못지않게 큰 의미를 지닌다. 향기는 단순한 후각적 감각으로만 작동되는 게 아니다. 심상의 후각을 자극하는 미적 에너지를 지녔기 때문이다. 꽃의 시들은 상상력이라는 초자연적 에너지를 운용하며 시적대상과 끊임없이 교감한다. 위의 시 「꽃의 잉태」는 낭만적이고 휴머니즘(Humanism)적인 정황에서 발현하여 시를 주도하다 반어적인 인식과 시니컬(Cynical)한 시선으로 변환되며 "길 잃은 결정체 하나" 찾는 시적 자아의 절실한 모습으로 가슴을 짓눌러온다. 「꽃 속에 갇히다」에서는 붉은 꽃잎이 광목이불 홑청 위에 떨어짐으로써 "꽃물이 광목이불 홑청에 배어"드는 알싸하고 감각적인 정황묘사가 단연 압권인 가운데 "꽃잎에 갇혀 환하게 피고 싶"은 시적 자아의 염원이 뭉클하다. 「슬픈 야생화」에서는 꽃이 "캄캄한 밤에 홀로 피는 것은 슬픈 일"이기에 시적 자아는 "빈 여백이 다 닳아 없어질 때까지" 얼굴을 베껴 쓰며 야생화가 "까만 밤 속에서 하얗게 피어날 때까지" 꽃 진 자리에서 질척이며 와글와글 웃고 있는 시적 자아의 절절한 모습이 동일체의 인식으로 깊이 와닿는다. 「들꽃 당신」에서는 소낙비가 후두두 적시던 날 젖은 몸으로 들국화 한 아름 안고 찾아와 엉엉 울며 마음속 전율을 풀어놓던 임을 회상하며 종래 애처로운 연민의 정을 잊지 못하고 하염없이 비가 내리는 오늘, 무척이나 임을 보고 싶은 시적 자아의 간절한 염원이 아리게 가슴을 파고든다.

박종영 시인의 꽃은 그리움이 모든 존재의 근원임을 노래하고 있다. 그리움은 사랑에서 연유한다. 그리움에 의한 비애와 고통은 존재의 근원을 이룬다. 이를 다른 시각으로 전이하면 대상이 멀리 존재한다는 것은 고통이 아니라 오히려 축복일 수 있다. 그러한 존재의 고통을 통해 정신의 드맑은 자리가 확보될 수 있다. 간절한 대상이 닿을 수 없는 거리에 있을 때 대상은 별처럼 빛나고 꽃처럼 아름다우며 향기가 짙어진다. 모든 순정한 감정은 갈망에서 싹튼다. 사랑은 비현실적인 사고에 진실성을 부여하고 그것이 일상의 논리보다 더 큰 가치를 지닐 수 있음을 깨닫게 한다. 박종영 시인의 꽃은 그리움의 실체이고 진실의 결정체이며 자아와 동일체를 이루는 상관물로 작용한다.

2. 실존의식으로 통찰한 현상학적 탐구와 관조의 심미성(審美性)

시는 새로운 세계의 창조로 관념이나 이성만으로는 성립될 수 없는 인간 정신의 총체적 반영이다. 시는 언어와 미와 철학, 또는 근원적인 역사의식과의 융합에 있다. 박종영 시인이 상재한 시집 『서해에서 길을 잃다』는 모든 작품이 시인 자신의 깊은 사려에서 소산하고 있으며 진실과 정성이 깃들어 있고 소재와 주제에서 우려내는 깊은 인생의 의미와 실존의식의 무게는 물미가 툭 터져 있음으로써 이를 함축해내는 솜씨가 실로 놀랄 만하다. 개성과 진실은 시를 계량하는 중요한 척도이다. 결과적으로 좋은 시, 감동을 주는 시는 이처럼 삶의 깊이가 있어야 하고 세상사에 투철한 실존의식 속에 무게가 실려야 한다. 훌륭한 시는 궁극적으로 미학과 철학이 결합하여 새로운 가치관을 창출하는 작품들이다. 우리는 박종영 시인의 작품에서 지속적으로 이를 확인할 수 있다.

손바닥으로 푸석푸석한 뒷모습을
서투르게 매만지는 사람
물살의 힘에 떠밀려 집으로 향하는
저녁의 분주한 발걸음
그 속에서 옴짝달싹하지 않는
조심스런 내밀한 떨림
화가 머리끝까지 치밀어 오르면
분풀이로 강둑을 걷어찬다

누수(漏水)가 되지 않게 쳐 발라놓은
강둑의 보수공사
비가 많이 쏟아지는 우기(雨期)에는
강물이 올라탄다
흰 종이에 오징어를 그려놓고 잡아당기면
찌이익 찢어질 것이다
쫄깃쫄깃 오래도록 씹어 먹어도
좋을 저녁이 맛있겠다

—「저녁에게 길을 묻다」 일부

결국 저녁의 그늘에 맺힌 허공이 벽면에 꽂혀
후두두 눈물을 쏟고
산자락을 끌고 가는 구름
이리저리 빗방울을 몰고 다닌다
생각보다 물의 주름은 단단했다
기상청 예보관의 쓴소리

오래도록 버텨온 물의 꼬리를 놓쳐 기압골의 영향을
받아 터져버렸다는 것
타악기로 세차게 두드리는 불규칙한 화음
꽤 성가시게 요란하다
저 멀리 안개 속에서 물 위를 걸어오는
흰 소복의 여인
천둥이 치고 벼락을 꺾어 들고
물 위에서 사투를 벌이며 불춤을 춘다
환생한 동물들을 모아 악귀 쫓는
젖은 느티나무의 주문
꽹과리 소리
징 소리
타다닥 살 타는 냄새

—「병폐(病廢)」 일부

앞의 두 작품은 구체적인 시적 정황이 암울하고 상황 묘사가 음울한 공통점을 보인다. 예시 작품에서는 문학의 에스프리(Esprit)한 정신 작용을 느낄 수 있다. 이 작품이 구조적으로 완결미를 보이고 시어 선택에 예술적 절도를 보이는 것은 시의 구현이 시인의 머리로 인식한 내용이 아니라 감성적으로 체험한 삶의 화폭을 진솔하게 표현했기 때문이리라. 작품 「저녁에게 길을 묻다」에서는 소를 몰고 강둑을 걷는 노인을 화폭에 등장시켜 등 뒤로 몰려오는 저녁의 고즈넉함과 쓸쓸함을 복합적 정황으로 엮어내고 기침 소리, 결핍, 어둠 등의 부정적 어휘로 이를 탄탄히 뒷받침하며 강둑의 보수공사에 대한 부정적 현실인식으로 발현해 간다. 시의 결미를 장식하고 있는 "흰 종이에 오징어를 그려놓고 잡아당기면/ 찌이익 찢어질 것"이라는 감각적 표현과 "쫄깃쫄깃 오래도록 씹어 먹어도/ 좋을 저녁이 맛있겠다"는 정황묘사 및 상징적 언어의 운용은 박종영 시인이 아니고는 그려낼 수 없는 표현의 극치라 할 만하다.

또한 시 「병폐(病廢)」에서도 광견병 걸린 아이, 쓰레기더미를 파헤치는 개, 수족구병에 걸린 발바닥, 손톱공격에 속수무책인 사타구니, 고쟁이 사이로 흘러내리는 진물, 거적에 둘둘 말려 떠나는 삶, 양철지붕 위에서 짝짓기하다 쫓겨나는 고양이 등의 화소(話素)로 시적 정황을 일정한 틀 속에 가두어 놓고 결국 산자락의 구름이 빗방울을 몰고 다니고, 세차게 두드리는 불규칙한 화음의 성가신 빗소리와 안개 속의 소복 여인을 대비시켜 갈등과 대립구조를 극대화하고 있다. 시의 종결부를 구축하고 있는 "꽹과리 소리/ 징 소리/ 살 타는 냄새"가 깊은 공명으로 어우러져 파문을 일으키며 긴 여운을 끌어가는 정황이 매우 인상적이다. 시문학에서는 원론적으로 지성과 논리가 생경한 육체적 본질 그대로 노출되어서는 안된다고 말한다. 이에 대해 엘리엇은 "시에서 사상은 장미의 향기처럼 전해져야 한다."고 역설했고, 발레리는 "사상이 과일의 영양소처럼 녹아 있어야 한다."고 강조했다. 바로 박종영 시인이 고도의 질감으로 승화시켜 물 흐르듯 순리적으로 풀어놓는 시의 경지를 말함직하다.

한 번 켜보지 않았던 손가락 열 개
현악기 줄을 뜯는다
한쪽 발로만 물을 밀어
방동사니 골목을 가로질러 흐르고

반쯤 감긴 눈망울로 파리채를 휘두르는 황소개구리

검은 비닐 봉지 위로 떠다니는 허공의 벽
딱딱하다
녹슬지 않은 잠복기
물 표면에 낀 때를 민다

귓구멍 속으로 물은 점점 차오르고
짭짤한 놈들이 꾸덕꾸덕 말라가지 못하는 심정
팽팽한 물음표가 물 위에 떠다닌다

혓바닥의 의미심장한 말
툭 던져본다
빵조각의 그늘에서 곰팡이는 포자번식 중

—「소금쟁이 표정 다리기」 일부

가슴으로 꽃핀 열매
돌담 너머 감나무엔 홍시가 주렁주렁 열리고
깨진 망상들이 머릿속에 박혔다
누드 하나 눈 안에 그려 넣고
고독을 가슴에 품고 목 놓아 울부짖던 닭장
비틀거리지 않던 날들이 어디 있었으랴

물은 온몸에서 회오리치고
매듭은 엉켜 풀리지 않고
고름을 짜내고 연고를 발라야 편안해졌다
덜컹덜컹 창문이 흔들리며 엉킨 바람을 푼다

칸나를 든 까까머리
닭장 안에 들어가 웅크리고 앉아
홰를 치고 있다

—「홰를 치다」 일부

앞의 작품은 박종영 시인이 상재한 시집 『서해에서 길을 잃다』의 제3부와 제4부를 이루는 표제시(標題詩)들이다. 두 시 모두 풍부한 창의력을 갖추어 자신만의 글로 표현하는 데 있어 자유롭고 유의미한 시어의 결합으로 신선한 이미지를 창출하며 내면의식의 흐름을 리듬감 있고 원만하게 조율하는 데 성공하고 있다. 박종영 시인의 작품은 철학적 사유와 성찰적 인식을 통해 빚어낸 미학적 산물 그 자체이다. 이처럼 오롯한 진실의 시는 언제나 감동으로 승화한다.

3. 박종영 시인의 작품세계에 대한 관견(管見)

박종영 시인이 상재한 시집 『서해에서 길을 잃다』에 수록된 작품군은 몇 가지 특징적 공통점을 이루며 개체적 작품 세계를 구축하고 있다. 첫째, 시적 화자의 톤(語調)이 정밀한 진정성과 진실감으로 가득 차 있다. 시의 어조는 말의 가락으로서 목소리의 분위기나 높낮이를 구현한다. 시를 형상화함에 있어 어조는 신뢰적 질감을 형성하는 중요한 의미를 지닌다. 둘째, 고차원적 메타포의 은유적 기법으로 시를 진술하는 능력이 탁월하다. 은유(隱喩)는 수사학적 비유법의 일종으로 행동, 개념, 물체 등을 그와 유사한 성질을 지닌 다른 말로 대체하여 표현하는 일련의 작업이다. 은유는 전체 수사법 중에서 가장 독보적이고 뛰어난 표현기법이다. 박종영 시인의 작품은 날카롭고 창조적인 은유와 선명한 이미지로 감정의 진폭을 깊고 크게 가져간다. 따라서 그 여운과 향기가 짙고 강하다. 셋째, 탁월한 상상력과 혼불로 빚어낸 자의식을 토로하여 리리시즘(Lyricism)을 고양한다. 리리시즘은 주관적이고 개성적인 정서를 표현하는 서정성 및 문체를 뜻한다. 넷째, 시적호흡이 깊고 알맹이를 우려내는 솜씨가 탁월하다. 시집 『서해에서 길을 잃다』에 게재한 작품 대다수는 연의 구분을 두지 않고 산문시적 호흡을 지니며 진술된다. 문학의 본류(本流)는 새롭게 표현하여 미적 감각을 자극하는 일이다. 다섯째, 상황과 사물을 응시하는 시선이 깊고 치밀하다. 남다른 통찰력으로 사물과 사안의 저변을 꿰뚫어보고 이를 작품으로 형상화하는 기법이 탁월하다. 여섯째, 시적 언어 운용과 참신한 어휘 선택 및 묘사력이 뛰어나다. 시마다 말을 깎고 다듬는 장인 정신의 흔적이 역력하다. 작품에 구현하는 적절한 언어의 배합과 창의적 통사구조의 엮음은 타인의 추종을 불허한다. 날카롭고 세련되어 있으면서 정서적 분위기에 함몰되지 않고 차원 높은 지성적 구조물을 구축하는 것은 대단히 어려운 일이다. 박종영 시인은 조사법(措辭法)과 구성력에 있어 그만의 독보적인 탁월성을 지닌다.

박종영 시인의 시집 『서해에서 길을 잃다』의 상재를 진심으로 축하하며 앞으로도 무한한 광영이 있길 축원한다.

문학세계대표작가선 834

서해에서 길을 잃다

박종영 시집

인쇄 1판 1쇄　2017년 12월 9일
발행 1판 1쇄　2017년 12월 16일

지 은 이 : 박종영
펴 낸 이 : 김천우
펴 낸 곳 : 도서출판 천우
등　　록 : 1992. 2. 15. 제1-1307호
주　　소 : 서울시 성동구 무학봉28길 6 금용빌딩 2F
전　　화 : 02)2298-7661
팩　　스 : 02)2298-7665
http://moonhak.wla.or.kr
E-mail : chunwo@hanmail.net

값 9,000원

이 책은 당진문화재단 사업비로 제작되었으며 「2017 당진올해의문학인」 선정작품집입니다.

ISBN 978-89-7954-699-6

이 도서의 국립중앙도서관 출판예정도서목록(CIP)은 서지정보유통지원시스템 홈페이지(http://seoji.nl.go.kr)와 국가자료공동목록시스템(http://www.nl.go.kr/kolisnet)에서 이용하실 수 있습니다. (CIP제어번호: CIP2017032799)